AF390468

HISTOIRE ANCIENNE

COURS DE SIXIÈME

PARIS. — IMPRIMERIE DE J. CLAYE, RUE SAINT-BENOIT, 7.

NOUVEAU
COURS D'HISTOIRE

A L'USAGE DES CLASSES

DE SIXIÈME, CINQUIÈME ET QUATRIÈME

RÉDIGÉ CONFORMÉMENT

AU PROGRAMME OFFICIEL DE L'ENSEIGNEMENT DE L'HISTOIRE

Du 12 août 1857

PAR A. C. DAUBAN

ANCIEN PROFESSEUR D'HISTOIRE AU LYCÉE DE NANTES

HISTOIRE ANCIENNE

contenant

L'HISTOIRE UNIVERSELLE DEPUIS LA CRÉATION DU MONDE

JUSQU'AUX GUERRES MÉDIQUES

(Orient et Égypte.)

COURS DE SIXIÈME

PARIS

DEZOBRY, E. MAGDELEINE ET Cᵉ, LIB.-ÉDITEURS

RUE DU CLOÎTRE-SAINT-BENOÎT, 10

(Quartier de la Sorbonne, près de l'hôtel Cluny)

1857

PRÉFACE

Il n'y a point de partie de l'Histoire universelle qui soit
aujourd'hui, pour ainsi dire, plus nouvelle que l'Histoire
Ancienne. La découverte de nombreux monuments, le
déchiffrement des inscriptions qu'on n'avait pu lire encore, les travaux des savants aidés des secours de l'ar-
chéologie, ont renouvelé dans les trente dernières années
l'histoire des Égyptiens, celle des Assyriens et celle des
Perses. Nous nous sommes efforcé de mettre à profit ces
lumières nouvelles autant que nous le permettait la nature d'un ouvrage qui doit être, avant tout, simple, mé-
thodique, *élémentaire*.

Préoccupé du désir d'intéresser nos jeunes lecteurs
en les instruisant, et sachant que le meilleur moyen de
captiver leur attention est d'aller avec eux du connu à
l'inconnu, de ce qui subsiste à ce qui n'existe plus, nous
avons fait suivre chaque partie de l'histoire ancienne de
notes empruntées aux ouvrages contemporains les plus
récents : à la Palestine antique, par exemple, nous avons
opposé le tableau de la Palestine moderne ; à l'ancienne
Assyrie, l'Assyrie telle qu'on la trouve aujourd'hui avec

ses palais et ses ruines, authentiques témoignages du passé. Les monuments ont l'avantage de placer au milieu de nous les vestiges de civilisations dont l'étrangeté et l'éloignement éveilleraient dans l'esprit le doute ou l'incrédulité. Ils aident la pensée à combler l'abîme des siècles et à se représenter les mœurs, les usages des peuples disparus. Nous avons donc entretenu nos lecteurs des monuments. Ils trouveront dans le magnifique Musée du Louvre les portraits des Pharaons qui vivaient il y a quatre mille ans. Ils y verront, concernant les coutumes, les croyances et les pratiques de la vie domestique chez les Égyptiens, plus d'objets que nous n'en possédons sur aucun peuple de l'Europe. Les pierres rapportées de Ninive leur apprendront sur le caractère de la civilisation orientale, ce qu'ils chercheraient en vain dans les historiens anciens et modernes. Ils reconnaîtront alors que l'Histoire Ancienne est aussi vraie que merveilleuse, que son étude mérite d'éveiller notre curiosité, et nous offre d'autant plus d'intérêt', que le spectacle qu'elle nous présente ressemble moins à celui que nous avons sous les yeux.

Deux points nous avaient frappé dans le programme officiel : 1° l'absence des questions de géographie ancienne. Elle nous a paru impliquer l'obligation de les traiter en traitant les questions d'histoire ancienne et d'associer ainsi intimement la géographie à l'histoire ; 2° le petit nombre de faits signalés dans chaque question. Le passage suivant de l'exposé des motifs qui précédait le programme soumis au conseil supérieur de l'instruction publique trace la marche que nous avions à suivre, en expliquant la sobriété concise des questions :

« Dans la rédaction des programmes, on s'est efforcé d'appeler l'attention exclusivement sur les grands événements qui doivent être l'objet principal de chaque leçon. On s'est donc particulièrement préoccupé de laisser, par la division des matières, assez de temps à l'élève pour faire des lectures, et compléter par un travail personnel les connaissances données par le sommaire. »

L'élève devant faire des lectures, il fallait les lui indiquer d'une manière précise; ne lui signaler que les auteurs anciens dont les ouvrages sont les sources de l'histoire, et les auteurs modernes dont le style est classique et l'autorité incontestable.

Nous avons placé en tête de chacun des chapitres un sommaire chronologique, rédigé avec le plus grand soin, que le professeur pourra faire apprendre par cœur et réciter, afin de s'assurer que l'élève possède la suite et l'enchaînement des faits. Des notions de géographie ancienne rapprochée de la géographie moderne, conformément aux prescriptions du programme, donneront à l'élève les connaissances nécessaires. Des cartes de géographie le guideront sur le théâtre des événements que nous lui racontons, et dont un tableau synoptique que nous avons joint à l'ouvrage l'aidera à saisir la correspondance, si difficile à retrouver dans l'immensité confuse des époques anciennes.

HISTOIRE ANCIENNE

NOTIONS PRÉLIMINAIRES

Toute science a sa *technologie*, sa langue propre. L'histoire a donc la sienne qui se compose d'un très-petit nombre de termes spéciaux dont nous croyons utile de donner ici la définition.

L'*histoire* est le récit des événements qui ont marqué l'existence des hommes depuis le commencement du monde. Elle a pour auxiliaires la *géographie* (description de la terre) qui fait connaître les lieux où les événements se sont accomplis, et la *chronologie* (science des époques) qui fixe la succession et la correspondance des faits.

On appelle *époque*, d'un mot grec qui signifie *je m'arrête*, certains temps caractérisés par quelque grand événement auquel on rapporte tout le reste. Il semble « qu'on s'arrête là pour considérer, comme d'un lieu de repos, tout ce qui est arrivé devant ou après ; et éviter par ce moyen les *anachronismes*, c'est-à-dire cette sorte d'erreur qui fait confondre les temps. » (Bossuet.)

Une *période* est un certain nombre d'années pris ordinairement entre deux dates importantes. Ce terme est emprunté à la langue de l'*astronomie* et indique, conformément à son étymologie, le temps dans lequel une planète fait sa révolution.

L'ère, point de départ d'une chronologie, est un point fixe marqué par un événement considérable à partir duquel on compte les années. Les ères les plus généralement adoptées sont l'ère de la *création du monde* placée par les Bénédictins l'a 4963, placée en 5608, suivant le concile de Constantinople de 680 ; — l'ère *chrétienne* ou *vulgaire* placée à l'époque de la naissance de Jésus-Christ et postérieure de 4 ou 6 ans à ce grand événement. — L'ère de l'*hégire*, adoptée par les Musulmans en commémoration de la fuite de Mahomet qui se refugia de la Mecque à Médine. Elle correspond à l'année 622 de Jésus-Christ[1].

Les chrétiens suivent universellement l'ère de J.-C. Il faut faire attention lorsqu'on lit des historiens qui ont adopté cette chronologie, à l'ordre de succession des années *descendant* depuis la création du monde jusqu'à J.-C., *ascendant* depuis J.-C. jusqu'à nos jours.

Les Anciens se servaient d'ères particulières.

Chez les Grecs, l'ère des *olympiades* établie à l'époque de la célébration régulière des Jeux olympiques, en 776 av. J.-C. Les Jeux se célébraient tous les quatre ans ; une *olympiade* était donc un espace de quatre années.

Chez les Asiatiques, l'ère de *Nabonassar*, roi d'Assyrie, correspondant à l'année 747 av. J.-C.

Chez les Syriens, l'ère de *Séleucides*, l'an 312 av. J.-C., marquée par l'entrée de Seleucus à Babylone.

Chez les Égyptiens, l'ère des *Lagides*, l'an 323 av. J.-C. en mémoire du fondateur de la dynastie Ptolémée Lagus.

Chez les Romains, l'ère de la *fondation de Rome*, correspondant à l'an 753 av. J.-C., etc., etc.

Tous les peuples anciens ont eu pour religion un *polythéisme*,

---

1. Voir le *Dictionnaire de biographie, d'histoire, de géographie*, etc., de MM. Ch. Dezobry et Th. Bachelet.

c'est-à-dire qu'ils adoraient plusieurs dieux, à l'exception des Juifs.

Une nation est une société régulière et homogène, ayant à sa tête un gouvernement investi du droit de lever les impôts, de nommer les fonctionnaires, de faire observer les lois, d'employer les armées, de protéger la société. L'absence d'un gouvernement précipite une société dans un état de désordre et de ruine qu'on a appelé *anarchie* (sans chef). Les gouvernements que signale l'histoire des peuples anciens sont :

La *théocratie*, gouvernement géré au nom de Dieu ;

La *monarchie*, gouvernement d'un seul chef ;

L'*aristocratie*, gouvernement qui est réglé par un petit nombre de nobles ; — le gouvernement est *oligarchique* quand il se trouve entre les mains de plusieurs chefs ;

La *démocratie*, gouvernement dans lequel le peuple, c'est-à-dire le plus grand nombre, a l'autorité.

L'histoire générale se divise en trois grandes parties : l'*histoire ancienne* qui va de la création du monde jusqu'au partage définitif de l'empire romain après la mort de Théodose, 4963 av. J.-C. à 395 ap. J.-C. ; — l'*histoire du moyen âge*, comprise ordinairement entre l'époque de la mort de Théodose et celle de la prise de Constantinople par les Ottomans, 395 à 1453 ap. J.-C. ; — l'*histoire moderne*, qui conduit de la prise de Constantinople jusqu'à nos jours.

On peut exposer l'histoire de deux manières : ordinairement on présente l'histoire des peuples et des États isolés, comme nous le ferons dans les chapitres suivants où nous nous occuperons successivement, l'un après l'autre, des Israélites, des Égyptiens, des Assyriens, etc., en ne mentionnant les autres peuples que lorsqu'ils ont des rapports avec le peuple dont nous retraçons spécialement l'histoire ; c'est la méthode appelée *ethnographique*. Elle a l'inconvénient de présenter séparément des faits qui se sont accomplis simultanément; mais elle offre l'avantage inappréciable de rendre sensible l'enchaînement et la filiation des événements accomplis sur un territoire déterminé et elle n'expose pas l'esprit à cette confusion qui pourrait naître en lui de l'ensemble d'une masse d'événements en quelque sorte enchevêtrés les uns dans les autres.

La méthode *synchronistique* (exposition des événements qui ont eu lieu dans le même temps) rapporte à certaines périodes communes l'histoire des peuples et des États.

On trouvera plus loin des *tableaux synoptiques* qui rétablissent la correspondance des faits et de leur production simultanée ou successive dans les différents États. — De cette manière se trouvent associées deux méthodes qui se prêtent un utile concours.

Dressé par Ch. Périgot

CHAPITRE PREMIER

DIVISION GÉNÉRALE DE L'HISTOIRE ANCIENNE (HISTOIRE DE
L'ORIENT, DE LA GRÈCE ET DE ROME.)

SOMMAIRE

§ I. DIVISIONS GÉNÉRALES DE L'HISTOIRE ANCIENNE. — L'*Histoire de l'Orient*,
comprenant l'histoire des peuples de l'Asie et de l'Afrique, depuis
la création du monde jusqu'au commencement des guerres médiques, guerres auxquelles donna naissance l'incendie de Sardes,
une des capitales de la Perse, par les Athéniens : 4963 à 504 avant
J.-C.; — L'*Histoire de la Grèce* depuis les temps primitifs jusqu'à
la réduction de la Grèce et des autres États sortis du démembrement
de l'empire d'Alexandre, en provinces romaines : du XIVe au Ier siècle avant notre ère; — L'*Histoire de Rome*, depuis sa fondation jus-
qu'au partage de l'empire romain entre les deux fils de Théodose,
753 av. J.-C. à 395 après J.-C.

§ II. HISTOIRE DE L'ORIENT. — Création du monde, 4963 : — Déluge,
3308; dispersion des enfants de Noé; fondation des empires. — Énumération des États qui ont joué le principal rôle en Orient pendant
les temps anciens :

Les Juifs. — Depuis la vocation d'Abraham jusqu'à la destruction du
royaume d'Israël, 718, et du royaume de Juda, 587. Les Patriarches; le séjour en Égypte; la conquête de la Terre promise. — Les
Juges. — Les Rois. Schisme ou division des tribus.

Égypte. — Depuis ses premiers rois jusqu'à la conquête de ce pays
par Cambyse : 3000 à 525 av. J.-C. — Sésostris Ier le Grand. Lutte
séculaire et générale en Asie, entre les peuples agriculteurs et les
peuples pasteurs (les purs et les impurs), attestés par les monuments
de l'Égypte. — Exploits de Ramsès III.

Assyrie. — Deux empires : l'un a eu pour capitale Ninive; il compte
parmi ses rois Sémiramis; l'autre a pour capitale Babylone. Prise de
cette ville par Cyrus, 538.

Perse. — La grandeur de ce pays est l'œuvre de Cyrus. L'empire
fondé par ce conquérant est accru encore par Cambyse et Darius.
Mais aucun sentiment commun ne rallie les habitants de cet immense empire.

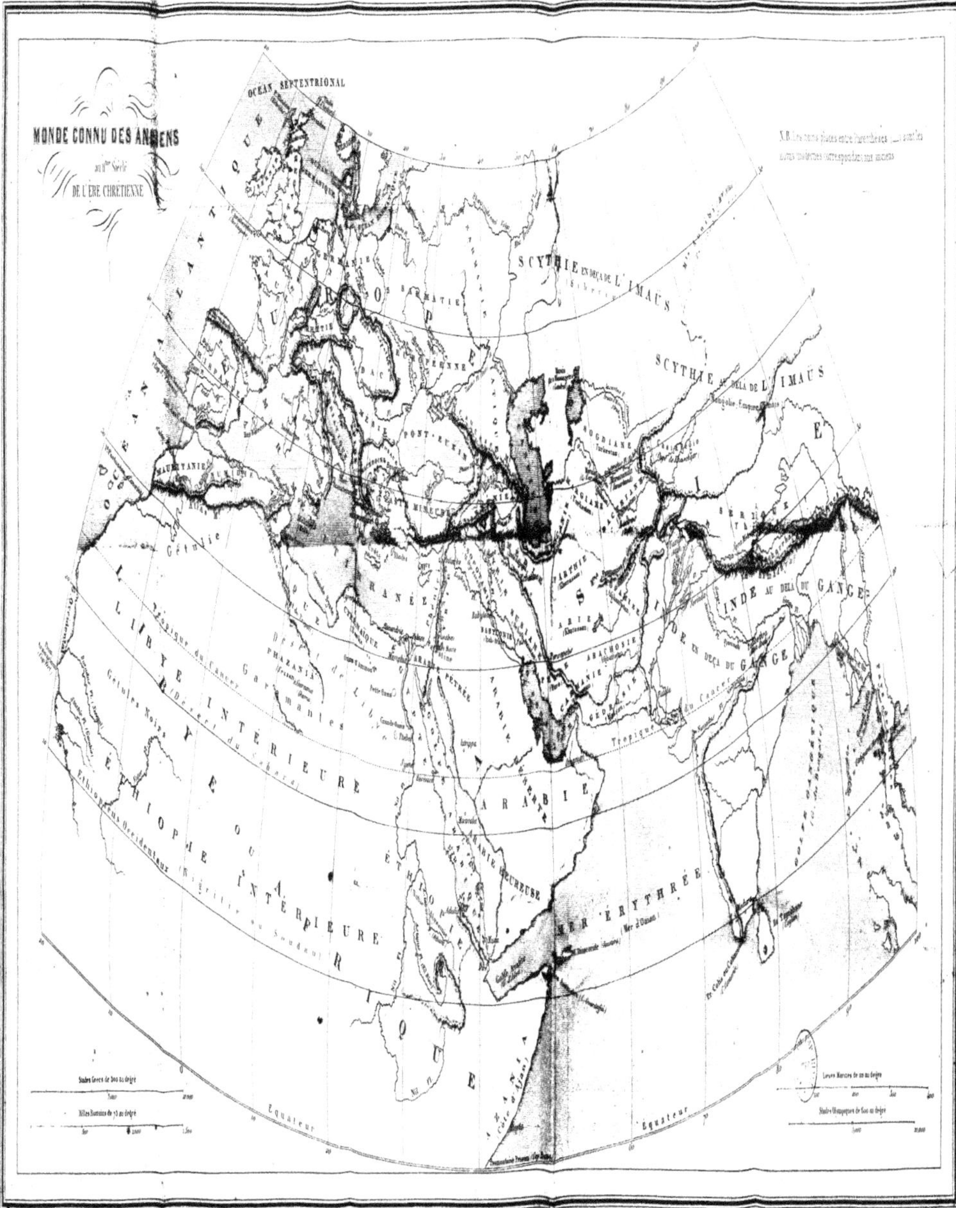

Paris
DEZOBRY E. MADELEINE et Cie Éditeurs
r. l'Ordre d'Henri IV, Cie de la Sorbonne

Imp. Becquet à Paris

§ III. Histoire de la Grèce. — C'est le patriotisme qui fait la force des républiques grecques, particulièrement d'Athènes et de Sparte, et qui les décide à soutenir, presque seules, les guerres contre les Perses ou Mèdes ; guerres médiques, 504 à 449. — Des rivalités intestines épuisent la Grèce. — La conquête de l'Asie par Alexandre (331-323) est suivie de longues querelles entre ses généraux, et de troubles qui préparent l'asservissement de la Grèce et de tous les États sortis du démembrement de l'empire d'Alexandre.

§ IV. Histoire de Rome. — 753 av. J.-C. à 395 ap. J.-C. — *Quatre périodes* dans cette histoire. *Pendant la* 1re, 753 à 509. Rome, sous les rois, s'essaie à la conquête d'une province, le Latium. — *Pendant la* 2e *période*, de 509 à 266, sous la République, elle s'assure péniblement de la possession de l'Italie, dont chaque pouce de terrain lui est disputé pied à pied. — 3e *période*, 266 à 31 av. J.-C. ; la République fait la conquête du monde.— 4e *période*, 31 av. J.-C. à 395, l'Empire. Après Théodose, le dernier grand empereur, l'Empire perd son unité territoriale.

Si nous résumons au point de vue de l'histoire de la civilisation, l'influence qu'ont eue sur la nôtre, la civilisation de l'Orient, celle de la Grèce et de Rome, nous reconnaissons que l'Orient, berceau des races humaines, a transmis les inventions utiles à la Grèce, qui les a améliorées et qui a porté à la perfection les arts du dessin, l'éloquence, la poésie, etc. Rome a pris pour modèles les écrivains et les artistes de la Grèce. On retrouve le véritable génie de Rome, génie original, dans ses lois, dans tout ce qui se rattache à l'organisation de la cité, aux rapports civils, politiques et administratifs des citoyens. De l'Orient sont venus nos croyances, de la Grèce nos arts, de Rome nos institutions civiles.

§ I. **Divisions générales de l'Histoire ancienne**. — L'histoire ancienne embrasse la période la plus vaste de l'histoire universelle : depuis la création du monde jusqu'à l'invasion des peuples barbares dans l'empire romain, une durée de 54 siècles environ, de 4963 av. J.-C. à 395 apres J.-C. Elle comprend naturellement trois grandes divisions : 1° *l'histoire de l'Orient* (Asie et Afrique); 2° *l'histoire de la Grèce;* 3° *l'histoire de Rome*. Nous allons les passer successivement en revue, afin de marquer les caractères et les traits principaux de ces histoires.

§ II. **Histoire de l'Orient**. — On appelle Orient les vastes contrées situées à l'est de l'Europe, contrées qui ont été le berceau des nations et le premier théâtre de la civilisation. L'Orient comprend donc l'Asie, dans laquelle les historiens grecs plaçaient également l'Égypte. De toutes les traditions transmises sur les premiers âges du monde, les moins contestables sont celles que nous devons au plus ancien des historiens, à Moïse. Il nous a appris à peu près tout ce que nous savons *sur la création du monde*, sur les temps qui ont précédé *le déluge, sur la dispersion du genre humain*. L'histoire du peuple de Dieu, qu'il a écrite jusqu'à l'époque où les Israélites ont pris possession de la terre promise, contient en outre des renseignements précieux sur les peuples voisins.

C'est une merveilleuse histoire que celle du peuple de Dieu. Après *le déluge* (3308), les hommes se sont dispersés. La confusion et l'impiété règnent parmi eux. Dieu, d'après les livres saints, prend la résolution de se former un peuple qui, au milieu de cette corruption générale, gardera la notion de sa grandeur et de son unité. *Abraham* est le père de ce peuple (2296). *Sous les patriarches*, la famille d'Israël ressemble à ces tribus nomades qui vont encore, sous la conduite d'un chef, dans les solitudes de l'Arabie et sur les confins de nos possessions d'Algérie, promener leurs troupeaux à la recherche de pâturages que la sécheresse n'ait pas dévorés. Ses destinées et la faveur de *Joseph* l'appellent en Égypte, où se prépare le changement des habitudes de la vie nomade contre celles de la vie sédentaire. *Pendant un séjour de près de quatre siècles* (2076 à 1645) *en Égypte*, la tribu est devenue un grand peuple. Ce peuple, affranchi de la servitude, aguerri par 40 années d'épreuves dans sa longue et pénible marche vers la terre promise, est en état de vaincre les nations belliqueuses qui l'occupent. 25 années suffisent à cette tâche : 1605 à 1580. Restent pourtant quelques parties du territoire qui n'ont pas encore été soumises. Mais ici nous voyons les Israélites tomber sous l'influence des idées étrangères et des rivalités intestines, dans une alternative de succès et de revers qui a pour règle l'observation ou la violation des lois de Moïse; cette période est représentée par le *gouvernement des juges*, 1562 à 1080. *La monarchie*, en réunissant toutes les forces de la nation entre les mains d'un chef (*Saül, David, Salomon,* 1080-962), met fin à cet état de faiblesse et élève la grandeur du peuple juif a un degré de puissance qui semble hors de proportion avec les ressources de sa population et de son territoire. Cette prospérité est de peu de durée. Non-seulement les *tribus se séparent et forment deux États*, *Israël et Juda* (962), mais une partie de la nation, et quelquefois la nation tout entière, abandonne la loi de Moïse, qui était le lien véritable, politique et religieux, des tribus d'Israël. Ces fautes sont commises pendant que grandit, en face des Israélites divisés, le colosse de l'empire assyrien; elles lui préparent une conquête facile. *Samarie tombe en* 718, *Jérusalem en* 587.

Il n'est pas possible de reconnaître quel peuple, *des Assyriens ou des Égyptiens*, est le plus ancien. Il ressort de la lecture des auteurs grecs et des découvertes modernes que, dès le XXXe siècle av. J.-C., l'Égypte avait déjà de nombreux monuments et des villes florissantes. Vers cette époque reculée, on voit le *grand Sésostris* parcourir en conquérant l'Asie et l'Europe. Après lui, la tranquillité de l'Égypte fut longtemps troublée par cette rivalité des peuples sédentaires ou agricoles et des peuples nomades ou pasteurs qui agita l'Orient dans les temps antiques. Les nomades, Arabes, pasteurs, *Hycsos, impurs*, comme les appelaient les Égyptiens *purs*, l'emportèrent vers 2200. Ils ne furent complétement expulsés que par le fils d'Aménophis, Sésostris II ou Ramsès III, dont les exploits rappelèrent ceux de Sésostris Ier. L'Égypte était alors un grand État compact et homogène. L'antagonisme des classes ou *castes* qui composaient la nation paraît avoir été la première cause de la décadence, qui fut accélérée par l'introduction des mercenaires dans l'armée, sous Psammitichus, par la prépondérance des Grecs, et les revers qu'essuyèrent les Égyptiens dans leur lutte contre les Assyriens. L'Égypte devint sous Cambyse (525) une province de l'empire des Perses.

La rivalité de *Ninive* et de *Babylone* résume toute l'histoire de l'Asie Centrale jusqu'à l'époque de la destruction de

Ninive et du développement de la puissance des Mèdes. Cette lutte suit des phases diverses. C'est d'abord un roi de Ninive qui fonde le *premier empire d'Assyrie*, que la grande *Sémiramis* étend sur toute l'Asie. Sous *Sardanapale* (759), il se démembre, et *la Médie s'en détache* définitivement. La reconstitution du premier empire est une œuvre sans durée : Ninive tombe sous l'effort de ses ennemis coalisés, et un *second empire d'Assyrie* s'élève, ayant Babylone pour capitale (635). Un siècle après, siècle marqué par le règne brillant de *Nabuchodonosor II* (605 à 562), ce second empire d'Assyrie n'existait plus (538).

Il était devenu la proie de ce conquérant célèbre avec lequel commença la grandeur des Perses, peuple jusqu'alors resté obscur. Quelques années suffirent à *Cyrus* pour soumettre la Lydie (547), l'Asie Mineure, la Syrie, la Phénicie, l'Arabie et l'empire babylonien. On est frappé, en lisant l'histoire de l'Asie ancienne, de la rapidité avec laquelle des conquérants, Sésostris, Sémiramis, Cyrus, plus tard Alexandre, ont pu abattre des États florissants et soumettre des pays immenses. De tels faits ne s'expliquent que par l'absence d'un sentiment national et patriotique, que par l'état de torpeur et d'atonie que fait naître le long usage du despotisme. Les populations asiatiques, habituées à vivre sous un maître, ne s'attachaient guère au pouvoir qui les opprimait, et étaient amenées, en présence d'une agression étrangère, à souhaiter un changement de servitude qui pouvait apporter un adoucissement à leur sort. Ces dispositions expliquent à la fois et la facilité des conquêtes de Cyrus et celles des victoires que les Grecs remportèrent sur ses successeurs, lorsque l'empire des Perses, agrandi dans sa masse par *Cambyse* et *Darius*, mais énervé dans son action et comme affaissé sous son poids, entra en lutte avec les actives et énergiques républiques de la Grèce (504).

§ III. **Histoire de la Grèce**. — L'Histoire de la Grèce n'est pas couverte des nuages qui obscurcissent l'histoire de l'Orient. Même à travers les fictions dont l'imagination des Grecs a paré et embarrassé les commencements de leur histoire, on distingue une suite de personnages et d'événements dont il est facile d'apprécier le rôle et l'importance. La *célébration des jeux olympiques* (*Ère des Olympiades*, 776 av. J.-C.), nous donne le commencement d'une chronologie certaine, en même temps qu'elle nous montre la Grèce conservant au milieu de ses rivalités et de ses dissensions intestines, des fêtes religieuses dans lesquelles tous ses enfants étaient confondus, animés des mêmes passions, parlant la même langue, pénétrés du sentiment de leur commune origine et d'un égal amour pour la gloire et pour la grandeur de la patrie hellénique. C'est ce sentiment qui a fait la force de la Grèce dans la lutte, inégale en apparence, qu'elle a soutenue contre les Perses, et à laquelle *Athènes* et *Sparte* ont pris une si glorieuse part. Les *guerres médiques* (504 à 449) où la rivalité des deux républiques s'était exercée dans l'intérêt commun, est suivie d'une longue querelle intestine, la *guerre du Péloponèse* (431 à 404) qui épuise les forces d'Athènes et de Sparte. Au moment où celle-ci se croit assurée de la prépondérance sur la Grèce, qu'elle a si chèrement payée, *Thèbes*, soutenue par deux grands citoyens, *Pélopidas* et *Épaminondas*, vient la lui arracher; mais la mort d'Épaminondas (371) et le génie du roi de la Macédoine, *Philippe*, ne laissent pas à celle-ci le temps d'en jouir. C'en est fait de la liberté pour la Grèce. *Alexandre* (336-323) cherche à la dédommager de la perte de son indépendance, par la gloire que fait rejaillir sur elle sa conquête de l'Asie. Pendant les querelles de ses successeurs, la force et le courage manquent à la Grèce pour ressaisir les droits qu'elle a perdus. Elle se débat entre la *Ligue achéenne* et la *Macédoine*, sans avoir l'intelligence de ses intérêts et sans savoir quel est, pour elle, le véritable danger qu'elle ne reconnaît qu'en tombant *sous la domination romaine* (146). C'est le sort qu'avait eu la *Macédoine* après *Persée*, c'est le sort qui attendait tous les États sortis du démembrement de l'empire d'Alexandre et gouvernés par les descendants des généraux du conquérant : La *Syrie* et les *Séleucides*, l'*Egypte* et les *Lagides* : 168 à 31 av. J.-C.

§ IV. **Histoire romaine.** — L'Histoire de Rome peut se ramener à quatre périodes : La 1re *Sous les Rois* (753-509), pendant laquelle Rome défend son existence contre les villes voisines. La 2e sous *la République jusqu'à la conquête de l'Italie* (509-266) : temps d'épreuves et de périls, mais aussi de vertus et de dévouement, véritable âge héroïque de Rome. La lutte des deux ordres, des patriciens et des plébéiens, n'est pas encore devenue la lutte des pauvres et des riches qui ruinera les institutions républicaines. Au commencement de la période, Rome n'est qu'une ville; à la fin, elle est un peuple. Elle a une organisation militaire qui lui assure l'emploi de toutes les ressources de l'Italie, une armée aguerrie avec laquelle elle va triompher des ennemis les plus redoutables. Pendant la 3e période, *depuis la conquête de l'Italie jusqu'à la fin de la République* (266-31), elle soutient contre *Carthage*, puissance commerciale et maritime, une lutte qui a successivement pour théâtres la Sicile, l'Afrique, l'Espagne et même l'Italie où *Annibal* transporte, avec toutes ses horreurs, la guerre que Rome était déjà habituée à porter chez les autres nations. Un instant il met en péril la fortune et l'existence de la République (*bat. de Cannes*, 216). Mais Annibal vaincu (*bat. de Zama*, 202), *Carthage détruite* (146), aucun obstacle sérieux ne s'oppose plus à la conquête du monde. Toutefois, la politique prudente du sénat procède graduellement à l'œuvre d'envahissement. Elle affaiblit *Philippe à Cynocéphale* (197), *Antiochus à Magnésie* (190), avant de soumettre la Macédoine et la Syrie. Elle gagne à cette conduite de garder les apparences de la modération et d'empêcher la coalition de ses ennemis. Au reste, que pouvait-elle craindre à l'extérieur, lorsqu'elle ne trouve plus devant elle que des États sans force ou des nations sans homogénéité? *La soumission de l'Espagne* (133) et de *la Gaule Cisalpine* (163), offre sans doute plus de difficultés que celle *du royaume de Pergame* (133) ou même que la *conquête du royaume de Pont* (63), défendu par la haine de *Mithridate* plus grande que son génie, mais rien n'est en état de résister à Rome, là où elle veut porter des forces suffisantes. *La Gaule succombe* à son tour, domptée par *César* (50) : elle ferme cette longue suite de conquêtes qui a donné à la République un territoire immense, le monde tout entier, qui va porter le nom d'*Empire romain*. Depuis le jour, en effet, où des rivalités d'hommes puissants ont divisé la population et détourné les esprits des intérêts publics, c'en est fait des institutions républicaines dont toute la force réside dans le dévouement à la patrie et dans le respect de la loi. La querelle de *Marius* et de *Sylla* qui fait couler des flots de sang romain versé par les deux partis, prépare les luttes du *premier triumvirat* entre *César* et *Pompée*, et celles du *deuxième triumvirat*. Les hommes qui s'étaient partagé le monde combattent à qui en restera le seul maître. Le sort des armes prononce contre *Antoine* à *Actium* : 31 av. J.-C. L'Égypte se soumet à *Auguste, le fondateur de l'Empire*. A la mort d'Auguste, cet Empire s'étendait depuis l'Océan, à l'Ouest, jusqu'à l'Euphrate, à l'Est ; au Nord il avait pour bornes le Rhin et le Danube ; au Sud les déserts de la Lybie.

La quatrième période : *l'empire romain jusqu'à la mort de Théodose :* 31 av. J.-C. à 395 ap. J.-C., nous fait assister au gouvernement de l'État le plus vaste qui ait existé. On ne peut s'empêcher d'admirer le génie de Rome, qui n'était pas moins apte à gouverner les nations qu'à les conquérir. Il avait si bien organisé cet Empire formé de tant de peuples différents, ayant une langue et des coutumes différentes, que malgré les fautes des Empereurs auxquels le rang suprême semble avoir causé une espèce de vertige, malgré les attaques incessantes des peuples barbares placés sur les frontières, l'Empire a vécu intact pendant près de quatre siècles. Il est vrai que son existence compromise par des princes détestables, comme *Caligula, Néron, Commode, Caracalla, Héliogabale*, etc., a trouvé dans *Trajan, Marc-Aurèle, Septime-Sévère, Probus, Dioclétien, Constantin, Théodose*, des défenseurs énergiques et habiles. *La mort de Théodose* est suivie de la division de l'Empire en deux parties ayant, l'une Constantinople, l'autre Rome pour capitale. Ce démembrement précipite la décadence qui amènera la chute prochaine de l'Empire d'Occident : 395 à 476.

C'est peut-être ici le lieu d'exposer brièvement les inventions, les connaissances et les arts que nous ont transmis les anciens, et de montrer l'intérêt particulier que nous offre cette histoire des peuples de l'Orient, de la Grèce et de Rome, auxquels nous devons les institutions qui sont le fond de notre civilisation.

De l'*Orient* sont sortis les peuples qui se sont établis successivement en Asie, en Afrique et en Europe. C'est là qu'il faut chercher le théâtre des premières inventions, en même temps que le berceau du genre humain. L'astronomie, la géométrie, l'art des constructions, la science des irrigations, l'agriculture, la médecine, sans parler d'un grand nombre d'industries importantes, entre autres celles relatives à la fabrication des étoffes, avaient fait chez les Égyptiens, chez les Assyriens et chez les Phéniciens, de grands progrès, dès une époque très-reculée. Les Grecs, qui avaient reçu des Asiatiques les principes de leurs arts et de leur religion, attribuaient au phénicien Cadmus l'importation de l'alphabet, et reconnaissaient cette influence de l'Asie sur les premiers temps de leur histoire.

Les *Grecs* sont moins remarquables par le génie de l'invention que par celui du perfectionnement; ce qu'ils n'ont pas inventé, ils ont su le porter à une sorte de perfection. Dans les arts, dans l'architecture, la sculpture, la peinture, ils ont excellé. Leurs poëtes nous ont laissé d'incomparables chefs-d'œuvre; les écrits de leurs philosophes et de leurs orateurs sont des modèles de sagesse, d'éloquence, et bien des siècles s'étaient écoulés avant qu'on parvînt à faire sortir les sciences naturelles et mathématiques du point où ils les avaient laissées, pour les porter au degré de développement qu'elles ont atteint aujourd'hui.

Aux *Grecs*, donc, nous sommes redevables de la science du beau dans les arts et dans toutes les branches de la littérature. Un petit peuple de l'Orient, les *Juifs*, nous a transmis la notion d'un Dieu unique et les prophéties, base de notre religion. *Rome* nous a laissé, dans sa langue, la langue de l'Église, le grand instrument de la propagation du christianisme, le lien intellectuel des nations chrétiennes.

C'est un fait digne de remarque que le Rédempteur soit venu au monde au moment où toutes les nations étaient assujetties au même pouvoir, au même culte, aux mêmes lois, à la même langue. Combien cette situation a facilité l'action de la prédication évangélique! le christianisme fondait dans le monde la seule unité durable, celle des idées et des croyances, au moment où l'invasion des Barbares, que l'Évangile ne tarda pas à assouplir et à dominer, brisait l'unité matérielle. Dans les divisions ecclésiastiques du sol en diocèses, en provinces, qui subsistent encore, se retrouvent à peu près les circonscriptions territoriales que Rome avait établies; ce ne sont pas les seules traces qu'elle a laissées parmi nous. Notre sol a fait partie, pendant plus de cinq cents ans, de l'empire romain. Combien de faits encore attestent chez nous cette longue action de la civilisation romaine et son influence persistante! Partout des restes de routes, d'aqueducs, de ponts, de cirques, de temples, témoignent de l'ancienne prospérité de la Gaule romaine. Notre langue française a gardé une foule de termes empruntés au latin que nous avons parlé. Les lois civiles qui règlent nos rapports sociaux, nos lois municipales, notre droit public emprunté des Romains, nous font chaque jour admirer la puissance organisatrice de ce grand peuple, car c'est par là principalement que Rome a été supérieure; c'est en cela qu'aucun État ancien ne saurait lui être comparé : le talent d'agréger les hommes, de les identifier en quelque sorte les uns aux autres : l'art, en un mot, de les gouverner.

CHAPITRE II

Genèse; histoire primitive du monde, jusqu'a la dispersion des peuples après le déluge. — Fondation des premiers empires dans les vallées du Nil, du Tigre et de l'Euphrate.

SOMMAIRE

§ I. Genèse : Histoire primitive du monde.
Création du monde, 4963.
Adam et Ève. Chute du premier homme ; expulsion du paradis terrestre. — Caïn et Abel ; meurtre d'Abel. — Seth, père des enfants
de Dieu ; Caïn, des enfants de hommes. — Corruption du genre humain. — Noé.

§ II. Déluge, 3308.

§ III. Dispersion des hommes après le déluge. — Tour de Babel.
Les descendants de Japhet, race *Japhétique*, ou *blanche*, ou *cauca-
sienne*, occupent l'Europe, le N. et l'O. de l'Asie. Gomer, Magog, Ma-
daï, Javan ou Ion, etc.
Les descendants de Sem, race *sémite* ou *sémitique*, ou *jaune* ou *ara-
méenne*, peuplent le sud et l'est de l'Asie, la Syrie, une partie de l'Asie-
Mineure. Aram, Elam, Assur, Arphaxad, Heber, Lud, etc.
Aux descendants de Cham, à la race *chamitique* ou *noire*, se rattachent
les populations de l'Afrique et de l'Asie occidentale. Kousch (Khus),
Misraïm, Phut, Chanaan père des Jébuséens, des Amorrhéens, etc.
Traits caractéristiques des races humaines. — Rôle joué successive-
ment par chacune d'elles dans l'histoire de la civilisation.

§ IV. Fondation des premiers empires dans les vallées du Nil, du Tigre et de l'Euphrate.
Empire fondé sur les bords du Nil. — Émigration des descendants de
Cham dans l'Arabie, d'où ils passent en Éthiopie et de là en Égypte.
— Méroë, Thèbes.
Empire fondé sur les bords de l'Euphrate, — par Nemrod, descendant
de Cham et fondateur de Babylone.
Empire fondé sur les bords du Tigre, — par le Chaldéen Assur, des-
cendant de Sem.

§ I. Genèse. — Histoire primitive du monde jusqu'à la dispersion des peuples après le Déluge. — Tous les peuples ont conservé dans leurs traditions religieuses une relation de la création du monde. Un seul de ces récits, celui de Moïse, se trouve confirmé par les récentes découvertes de la science. Celle-ci, en pénétrant dans les profondeurs de la terre, et en analysant les différentes couches dont le sol est formé, a constaté plusieurs créations successives, et, parmi elles, l'ordre que Moïse a indiqué. La dernière création, qui a laissé des traces près de la surface de la terre, est celle des animaux vertébrés et de l'homme. Si on creuse au-dessous, on ne rencontre point de vestiges humains, mais des débris de coquillages et de végétaux. Ainsi l'homme fut le dernier créé ; ainsi se trouve démontrée l'exactitude du récit du plus ancien et du plus sublime des historiens.

Voici la substance de la relation qu'a laissée Moïse dans la *Genèse*, en se servant du mot *jour* pour marquer les époques successives de la création.

Temps antédiluviens (4963-3308 av. J.-C.)

Création 4963. — Au commencement Dieu créa le ciel et la terre. Il dit : « Que la lumière soit, » et la lumière fut. Il sépara ensuite la lumière d'avec les ténèbres : ce fut l'œuvre du premier jour. — Le second jour, Dieu plaça au-dessus de la terre le ciel ou firmament. — Le troisième jour, Dieu donna ordre aux eaux qui sont sous le ciel de se rassembler, et il forma les mers. Les plantes furent créées et renfermèrent en elles-mêmes la semence destinée à leur reproduction. — Le quatrième jour, Dieu fit le soleil, la lune et les étoiles. — Le cinquième jour, il créa les poissons et les oiseaux. — Le sixième jour furent formées toutes les espèces d'animaux, et il termina son œuvre en faisant l'homme à son image. — Le septième jour, il se reposa. — Les Juifs et les Chrétiens célèbrent encore ce septième jour, sanctifié par le repos de Dieu : c'est le jour du *Sabbat*, le samedi, chez les juifs ; le dimanche chez les chrétiens.

Chute du premier homme. — « Dieu a fait l'homme à son image et ressemblance, lui donnant une âme raisonnable capable de connaître son Créateur et de l'aimer, et le destinant à être éternellement heureux par cette connaissance et cet amour. Le premier homme fut nommé Adam, la première femme créée pour lui, Ève. De ce mariage est sorti tout le genre humain. Dieu mit Adam et Ève dans le paradis terrestre, qui était un jardin délicieux; il leur défendit seulement de manger du fruit d'un certain arbre, pour montrer qu'il était leur souverain.

« Dieu avait créé de purs esprits, dont quelques-uns se révoltèrent contre lui, et ce sont les démons condamnés au feu éternel; ceux qui sont demeurés fidèles à Dieu sont les saints anges. Le démon tenta la femme, et elle persuada à son mari de manger du fruit défendu. Aussitôt Dieu le condamna à la mort, et tous ses enfants; c'est-à-dire tous les hommes y devinrent sujets avec lui. Dieu le chassa du paradis et le laissa sous la puissance du démon, à laquelle il était soumis; mais, pour le consoler, il déclara que de sa race naîtrait un sauveur qui délivrerait les hommes de la servitude du démon, du péché et de la mort. » *Fleury*, abrégé de l'Histoire Sainte.

Caïn et Abel. — Après l'expulsion du paradis terrestre qui, si l'on en croit la tradition, était placé dans les plaines arrosées par le Tigre et par l'Euphrate, Adam avait eu deux enfants, Caïn et Abel. Condamnés, comme toute la race d'Adam, à travailler à la sueur de leur front, Caïn s'adonna à l'agriculture, Abel, aux soins de ses troupeaux. Il semble que la haine qui anima les peuples pasteurs ou nomades et les peuples agriculteurs commence à ce premier âge du monde. La jalousie, *mère des meurtres*, excite Caïn contre son frère Abel : il le frappe et le tue. Bossuet (*Discours sur l'Histoire universelle*) résume ainsi cette histoire : « Là paraissent l'innocence d'Abel, sa vie pastorale et ses offrandes agréables; celles de Caïn rejetées, son avarice, son iniquité, son parricide et la jalousie, mère des meurtres; le châtiment de ce crime, la conscience du parricide agitée de continuelles frayeurs; la première ville bâtie par ce méchant, qui se cherchait un asile contre la haine et l'horreur du genre humain. » Cette ville reçut le nom

d'Hénoch. Les premiers arts utiles, entre autres l'art de façon
ner les métaux, y furent inventés par le fils de Caïn.

*Enfants de Dieu, enfants des hommes. Corruption univer-
selle.* — Le troisième fils d'Adam, Seth, se fit aimer de Dieu
par sa piété. Il fut le père des patriarches. Les plus célèbres
sont Hénoch, dont Dieu récompensa la vertu en le dispen-
sant de la mort et en l'enlevant au ciel, et Mathusalem qui
vécut 963 ans. Noé était son petit-fils. Pendant longtemps
les enfants de Dieu, c'est ainsi qu'on appelait les descendants de Seth, à cause de leur piété, vécurent séparés des
descendants de Caïn, *enfants des hommes,* mais les deux
familles finirent par se rapprocher, et participèrent à la
même corruption. Tel fut l'excès des crimes que Dieu, dit
Moïse, *se repentit d'avoir fait l'homme.* Il résolut de détruire
la race d'Adam, à l'exception de Noë, homme juste, dont il
destina la famille à renouveler le genre humain.

§ II. **Déluge**, 3308. — La tradition du déluge se retrouve
par toute la terre. Voici en quels termes elle est rapportée
par Moïse :

« Dieu dit à Noë : J'ai résolu de faire périr toute chair ;
car les hommes ont rempli toute la terre d'iniquités, et je les
perdrai avec la terre même. Faites-vous une arche de bois de
gopher : vous y ferez des loges et vous l'enduirez dedans de
l'enduit convenable. Je vais répandre sur la terre un déluge
d'eau, pour faire mourir toute chair qui est vivante sous
le ciel.

« Noë accomplit exactement tout ce que Dieu lui avait
commandé.

« Le Seigneur dit à Noë : Entrez dans l'arche ; car je n'at-
tendrai plus que sept jours, — et Noë entra dans l'arche et avec
lui ses fils, sa femme et les femmes de ses fils pour éviter
les eaux du déluge.

« Les animaux purs et impurs, et les oiseaux, avec tout
ce qui se meut sur la terre, entrèrent aussi dans l'arche avec
Noë, deux à deux, mâle et femelle, selon ce que le Seigneur
avait commandé à Noë.

« Après donc que les sept jours furent passés, les eaux du

déluge se répandirent pendant quarante jours, et les eaux s'étant accrues, l'arche qu'elles soutenaient fut élevée au-dessus de la terre.

« Les eaux s'accrurent encore, elles grossirent de plus en plus sur la terre, et toutes les plus hautes montagnes qui sont sous l'étendue du ciel en furent couvertes. Et tout ce qui avait vie et respirait sur la terre mourut.

« Mais Dieu se souvint de Noë ; il fit souffler un vent sur la terre et les eaux cessèrent de s'accroître, et les pluies, qui tombaient du ciel, furent arrêtées, et les eaux commencèrent à diminuer après cent cinquante jours. Et le dix-septième jour du septième mois, l'arche se reposa sur les montagnes de l'Arménie. » Cette montagne paraît être le mont Ararat dont l'élévation au-dessus de la mer dépasse 4,000 mètres. Noë étant sorti de l'arche avec ses trois fils Sem, Cham et Japhet, offrit un sacrifice au Seigneur qui leur défendit l'homicide et promit de ne plus submerger la terre. L'arc-en-ciel fut le signe de la nouvelle alliance avec le genre humain.

Près le déluge, dit Bossuet, se range le décroissement de la vie humaine : Adam avait vécu 930 ans, Noé 950 ans. Elle rentra dans les limites d'un siècle que nous lui voyons rarement atteindre aujourd'hui.

TEMPS POST-DILUVIENS.

§ III. **Dispersion des peuples après le déluge.** — Noë et ses fils étaient restés au pied de la montagne sur laquelle l'arche s'était arrêtée. C'est là que Noé découvrit et planta la vigne. Irrité de l'irrévérence de Cham qui s'était moqué de son ivresse involontaire, il le maudit. Dieu fit peser le poids de cette malédiction sur la postérité de Chanaan, destinée à subir la domination des descendants de Sem et de Japhet.

Tour de Babel. — Les hommes avaient quitté l'Arménie pour venir s'établir dans les plaines de Sennaar entre le Tigre et l'Euphrate (aujourd'hui Irak-Arabi, province de la Turquie d'Asie). Ils se multiplièrent à ce point que les produits de ces contrées ne suffisant plus à leur subsistance, il fallut se séparer. Avant cette dispersion, ils résolurent de construire une tour qui rendît leur nom célèbre. Ils voulaient l'élever, dit l'Ecriture, jusqu'au ciel. Mais Dieu punit cet excès d'orgueil et confondit leur langage. La division se mit parmi eux, et ils ne purent se comprendre. Ils durent laisser inachevée cette tour qui, en souvenir de l'impuissance des hommes, porta le nom de Babel, *confusion*. La dispersion des descendants de Noë amena la fondation des empires et la diversité des nations qui peuplèrent le monde.

Descendants de Japhet, de Sem et de Cham : Races japhétique, sémitique et chamitique. — De Japhet est descendue la race japhétique ou Indo-germanique qui a peuplé successivement l'Asie septentrionale, les contrées voisines du Caucase (d'où son nom : race caucasienne); la côte N.-O. de l'Asie et l'Europe. On retrouve dans les fils de Japhet que nomme Moïse, les pères de nations anciennes : de Gomer, viennent les Cimmériens, les Kimris ou Cimbres, les Phrygiens; — de Magog ou Gog, les Massagètes, Gètes ou Goths, toute la famille des Scythes. Le nom de Madaï se rattache à celui des Mèdes. Javan ou Jon est la souche des Ioniens et des populations de la Grèce.

Les descendants de Sem ou les Sémites peuplèrent l'Asie du sud et probablement la Chine, la côte occidentale de l'Arabie, une partie de l'Asie Mineure et cette côte de Syrie sur laquelle s'établit Aram, dont le nom a été appliqué à toute la race, race Araméenne ou Sémitique. Sem a été le père d'Élam, ancêtre des Élamites qui habitent entre le bord oriental du golfe Persique et les montagnes; — d'Assur sont venus les Assyriens, fondateurs de Ninive; — d'Arphaxad, d'Héber, de Lud et Tiger, les Arméniens, les Hébreux, les Lydiens. De Sem descendirent également les Arabes sédentaires de l'Yemen.

A la race de Cham ou Chamitique, se rattachent les peuples qui ont occupé l'Afrique et la partie de l'Asie qui l'avoisine. La Genèse nomme quatre des fils de Cham : 1° Kousch, dont le nom sur les monuments égyptiens est synonyme d'Éthiopiens; 2° Misraïm, mot qui, dans les livres hébreux, désigne l'Égypte; 3° Phut, père des habitants de la Libye; 4° Chanaan, terme appliqué aux Phéniciens et aux peuples voisins. Chanaan fut encore père des Jébuséens, des Amorrhéens et de tous les peuples qui occupaient le·pays situé depuis Sidon jusqu'à Gaza et à l'orient jusqu'à Sodome et Gomorrhe (lac Asphatite). — Chus ou Kousch engendra aussi Nemrod, lequel, dit la *Genèse*, commença à être puissant devant Dieu.

Moïse ne comprend dans cette énumération ni les Chinois, ni les Indiens avec lesquels les Hébreux n'eurent aucun rapport, et dont l'histoire, n'ayant jamais eu d'action sur celle des peuples qui furent maîtres ou voisins du bassin de la Méditerranée, manque d'intérêt pour nous.

Il est facile de reconnaître la descendance des nations à la couleur de la peau et aux traits du visage. La race japhétique est blanche, la race sémitique jaune, la race chamitique noire. Ces différences si tranchées n'ont pas existé à l'origine, elles sont le résultat de l'influence du pays et du climat, après une longue suite de siècles. Cependant, dès les temps reculés auxquels nous devons les monuments de l'Égypte, les descendants de Japhet, de Sem et de Cham avaient chacun un caractère particulier. L'art égyptien veut-il représenter un Celte, un Scythe? Il lui donne une taille élancée, un front saillant, un nez aquilin, un visage ovale, des yeux bleus, une peau blanche, des cheveux blonds (tombeau de Ménephthat Ier). Ce descendant de Japhet ne se confondra pas avec l'Éthiopien à la taille courte et ramassée, aux cheveux noirs, aux épaules hautes et larges, aux lèvres proéminentes, à la ligne du nez légèrement creuse, aux yeux taillés en amandes. Sur des monuments qui datent de quatre mille ans, destinés à représenter la lutte des trois races : la victoire du Chamite sur le Sémite et le Japhétique, — chacune d'elles se distingue des autres par des traits distinctifs, par des différences qui sont déjà des signes ou des caractères de races.

Les descendants de Cham ont devancé les descendants de Sem et de Japhet; ils sont arrivés, avant eux, à la civilisation en Égypte et en Chaldée. Nous les voyons après la dispersion des hommes, bâtir des villes, élever des constructions immenses : remparts, palais, temples, tombeaux ; se livrer à l'agriculture, aux arts, aux sciences, à l'industrie. Mais si le Chamite, l'Africain arrive plus vite à la virilité, à la plénitude de ses forces, il sera, sous le rapport des facultés intellectuelles, dépassé plus tard par le Sémite et par le Japhétique. — Trois grandes périodes dans l'histoire de la civilisation : Dans la première, la supériorité est aux descendants de Cham, fondateurs des empires d'Égypte et de Babylone. — Dans la seconde, elle passe aux Sémites : les Assyriens, Lydiens, Hébreux. — Dans la troisième période, la civilisation brille d'un vif et durable éclat sur les côtes de l'Asie Mineure, en Grèce, en Italie. Le mot japhet, *japht*, signifie en hébreu *extension*. Ce sont les descendants de Japhet qui ont étendu le plus loin et l'influence de la civilisation et celle de leur race établie en Europe, au nord et à l'est de l'Asie.

§ IV. **Fondation des premiers empires dans les vallées du Nil, du Tigre et de l'Euphrate.** — Dans son *Discours sur l'Histoire universelle*, Bossuet trace de cette fondation des premiers empires le tableau suivant : « Tout commence ; il n'y a point d'histoire ancienne où il ne paraisse, non-seulement dans ces premiers temps, mais longtemps après, des vestiges manifestes de la nouveauté du monde ; on voit les lois s'établir, les mœurs se polir et les empires se former. Le genre humain sort peu à peu de l'ignorance : l'expérience l'instruit et les arts sont inventés ou perfectionnés. A mesure que les hommes se multiplient, la terre se peuple de proche en proche ; on passe les montagnes et les précipices, on traverse les fleuves et enfin les mers, et on établit de nouvelles habitations. La terre, qui n'était au commencement qu'une forêt immense, prend une autre forme ; les bois abattus font place aux champs, aux pâturages, aux hameaux, aux bourgades et enfin aux villes. On s'instruit à prendre certains animaux, à apprivoiser les autres et à les accoutumer au service. On eut d'abord à combattre les bêtes farouches. Les premiers héros se signalèrent dans ces guerres; elles firent inventer les armes que les hommes tournèrent après contre leurs semblables. Nemrod, le premier guerrier et le premier conquérant, est appelé dans l'Écriture un fort chasseur. Avec les animaux, l'homme sut encore adoucir [1] les fruits et les plantes; il plia jusqu'aux métaux à son usage, et peu à peu, il y fit servir toute la nature. »

Empire sur les bords du Nil. — Les anciens historiens, Plutarque entre autres, rapportent que l'Égypte s'était autrefois appelée *Chemia.* Ce nom rappelle le troisième fils de Noé, dont les descendants ont peuplé cette contrée, située au nord-est de l'Afrique.

Cham, après avoir occupé longtemps les plaines voisines de l'Euphrate, descend vers le sud-ouest, conduisant ses troupeaux, première richesse des nations, de pâturage en pâturage, jusqu'à l'extrémité de la péninsule arabique. Il fait une halte dans les vallées de l'Yémen, puis il traverse le détroit qui sépare l'Arabie de l'Afrique (aujourd'hui détroit de Babel-Mandeb), entre dans les provinces de l'Éthiopie et gagne les bords du Nil qu'il suit, en remontant le cours de ce fleuve.

C'est là que s'élevèrent les premiers royaumes, dans cette partie méridionale que l'élévation du sol, relativement aux autres parties de la contrée, a fait appeler *Haute-Égypte.* La *Basse-Égypte* ou *Delta,* nommée ainsi à cause de sa forme semblable à celle de la lettre grecque Δ, était couverte de marais et inondée par le Nil, fleuve immense, dont les eaux n'avaient pas encore été enfermées par l'industrie des hommes dans ces canaux qui les portent à des embranchements d'où elles se jettent dans la Méditerranée. En ces temps voisins du déluge, Thèbes devint une ville florissante. Plus tard, sa grandeur, ses édifices. ses cent portes, qui l'ont fait appeler par les historiens grecs *hécatompolis,* la ville aux cent portes, la rendirent célèbre dans le monde

(1) *Adoucir,* corriger l'âpreté naturelle des fruits en greffant sur des tiges sauvages des espèces plus douces.

entier. La splendeur de Méroé (Éthiopie) date de la même époque.

Empires sur les bords du Tigre et de l'Euphrate. — Nous avons dit que Nemrod, *le fort chasseur devant Dieu,* fut un des premiers conquérants et un des premiers fondateurs d'empire. Il eut pour capitale la cité bâtie sur les bords de l'Euphrate, Babylone. Les familles ou tribus des plaines de Sennaar, subjuguées et entraînées par le courage du destructeur de bêtes féroces, par l'audace du guerrier, s'étaient ralliées à lui et l'avaient pris pour chef. Nemrod fit passer ces tribus de l'état nomade à l'état sédentaire. Si, comme on le croit, il a commencé les grandes constructions de Babylone, on doit le considérer comme ayant le premier exercé cette autorité sans borne, ce despotisme ordinaire aux monarchies orientales, qui employaient des milliers d'hommes à l'édification de monuments élevés le plus souvent afin de flatter la vanité ou de satisfaire la fantaisie du monarque.

Bien que soumis à un roi et à des guerriers de race chamite, les Chaldéens étaient, ainsi que les Assyriens, des descendants de Sem.

« Chus, — dit la Genèse, — fut père de Nemrod, qui régna en la région de Sennaar. De ce pays sortit *Assur*, qui bâtit Ninive, Rehhobot, Kalahh et Réseu. » De ces quatre bourgades, car, dans le principe, les villes ne furent que des bourgades embrassant une vaste enceinte dans lesquelles les familles s'enfermaient avec leurs troupeaux, la plus importante fut Ninive, bâtie sur les rives du Tigre. Ninive ne tarda pas à rivaliser en puissance avec Babylone.

LECTURES A FAIRE.

OUVRAGES PRINCIPAUX. SOURCES. — La Bible. — La Bible, histoire de Dieu même, comme l'appelait Rollin, a pour étymologie un mot grec qui veut dire *Livre,* parce qu'elle est le livre par excellence. Elle se compose de deux parties : 1º l'*Ancien-Testament,* où l'on range les écrits de Moïse, et les livres saints antérieurs à la venue de J.-C. Ils sont relatifs à l'ancienne loi. 2° Le *Nouveau Testament*, dans lequel on place les Évangiles, les Actes des Apôtres, et les livres sacrés se rapportant au fondement et au développement de la loi nouvelle donnée par J.-C.—L'*Ancien Testament* est la source la plus précieuse pour l'histoire des Juifs, à laquelle on puisse recourir. Il commence avec les cinq livres de Moïse, auxquels on a donné le nom de *Pentateuque* (de πέντε cinq et τεῦχος, livre) : — Le 1er, la *Genèse* (de γένεσις, création), comprend l'Histoire de la Création du monde, du Déluge, des Patriarches et des Israélites, jusqu'à Joseph. — Le 2me, appelée *Exode* (de ἐξ dehors et ὁδός, chemin), parce qu'il raconte la sortie de l'Égypte, expose ce que le peuple fit sous la conduite de Moïse et comment Dieu donna la loi du Décalogue (les dix Commandements) à son peuple. — Le 3me livre, ou *Lévitique*, comprend toutes les prescriptions relatives aux cérémonies du culte et à la conduite des prêtres ou *lévites*. — Le 4me, les *Nombres*, renferme le *dénombrement* des Israélites sortis d'Egypte et l'Histoire des quarante années passées dans le désert. — Le 5me, le *Deutéronome*, c'est-à-dire la seconde loi, ainsi appelée, non pas parce que Moïse y donna une seconde loi différente de celle qui avait été promulguée sur le Sinaï, mais parce qu'il la publia une seconde fois à l'usage des enfants de ceux qui étaient morts dans le désert.

La *Genèse* renferme donc les événements qui sont l'objet de la première question du programme.

CHAPITRE III

LE PEUPLE DE DIEU. — VOCATION D'ABRAHAM. — LES ISRAÉLITES
EN ÉGYPTE. — MOÏSE.

SOMMAIRE

COMMENCEMENT DE L'IDOLATRIE.

§ Ier. LE PEUPLE DE DIEU.

Division de l'Histoire sainte en quatre périodes : — *Première période
depuis la vocation d'Abraham jusqu'à la mort de Moïse : 2296 à
1605.*

§ II. VOCATION D'ABRAHAM, 2296. — Promesses de Dieu. — Châtiment de
Sodome et de Gomorrhe. — Sacrifice d'Abraham. — Descendants de
Loth : Moabites et Ammonites. — Descendants d'Abraham : par
Agar, les Ismaélites ; par Sara, les Hébreux.

Le pouvoir du patriarche à la race duquel s'appliquent les promesses
de Dieu est transmis à l'aîné, avec la possession des troupeaux et
l'autorité absolue sur la famille ou tribu.

Le *patriarche Isaac*. — Ses deux fils : Ésaü et Jacob. — Circonstances
qui font de ce dernier le chef de la famille et l'héritier des promesses
de Dieu. — D'Ésaü descendent les Iduméens.

Le *patriarche Jacob*, père des douze patriarches desquels descendent
les douze tribus. — *Histoire de Joseph.*

§ III. LES ISRAÉLITES EN ÉGYPTE. 2076. — Haine des anciens habitants
contre les pasteurs. Ceux-ci sont chassés de l'Égypte. Les nouveaux
Pharaons persécutent aussi les Israélites. — Un enfant, *sauvé des
eaux*, deviendra le libérateur du peuple de Dieu.

§ IV. MOÏSE. — Il reçoit de Dieu l'ordre d'aller délivrer les Israélites.
Les *dix plaies* de l'Égypte. — *La Pâque*, 1645.

Les Israélites traversent la mer Rouge. — Leur marche de quarante
ans dans le désert.

Législation de Moïse. — Son caractère, sa supériorité sur les législateurs antiques.

Lois religieuses : Unité de Dieu. Fêtes commémoratives.

Lois morales : Les dix commandements de Dieu. — Prescriptions fa-
vorables au pauvre, au débiteur, à l'étranger, à l'esclave.

Lois politiques : Dieu, chef de la nation. Nul ne peut se faire obéir
qu'au nom de Dieu. — Absence d'un gouvernement régulier.

La loi de Moïse a fait la force de la nation dont elle réunissait les
tribus en faisceau.

Infidélités des Israélites dans le désert. — *Mort de Moïse,* 1605.

Commencement de l'Idolâtrie. — Il arriva de nouveau ce
qui s'était vu avant le déluge : la notion d'un Dieu unique
s'obscurcit parmi les hommes. « La plupart oublièrent leur
Créateur, et prirent pour divinités les créatures qui leur
paraissaient les plus excellentes, comme le soleil, les astres,
la mer, les fleuves, les hommes les plus sages ou les plus
puissants. Ainsi commença l'idolâtrie. La vraie religion ne
laissa pas de se conserver en quelques familles où les pères
étaient plus soigneux d'instruire leurs enfants et de leur
raconter ce qu'ils avaient appris de leurs pères : la création
du monde, le bonheur de l'état d'innocence, la chute de
l'homme par le péché, la promesse d'un sauveur, le jugement à venir, où Dieu rendrait à chacun selon ses œuvres. »
Fleury.

§ I. **Le peuple de Dieu.** — Dieu, qui avait promis à Noé de
ne pas détruire le genre humain, voulut qu'au milieu de la
dépravation universelle, un peuple conservât le fondement
de la vraie religion, c'est-à-dire la croyance à un Dieu
unique. Il choisit Abraham, descendant de Sem, pour être
le père de ce peuple.

A cette époque finissent ce qu'on appelle les temps *primitifs* et commence l'*Histoire sainte,* comprise entre la vocation d'Abraham et la venue du Messie, 2296 à 1 av. J.-C.
Dans l'*Histoire sainte,* on ne trouve que les faits qui concer-
nent le peuple de Dieu. L'histoire *profane* embrasse le récit
des événements relatifs aux autres peuples adorateurs des
idoles.

L'*Histoire sainte* peut se diviser en *quatre âges* ou *périodes.*

La 1re *période,* depuis la vocation d'Abraham, l'an 2296
av. J.-C., jusqu'à la mort de Moïse, l'an 1605 av. J.-C.

La 2e *période,* depuis la mort de Moïse ou l'entrée dans la terre promise jusqu'au schisme des dix tribus, 1605 à 962 av. J.-C.

La 3e *période*, depuis le schisme des dix tribus jusqu'au retour de la captivité de Babylone, 962 à 536 av. J.-C.

La 4e *période*, depuis le retour de la captivité de Babylone jusqu'à la venue du Messie, 536 à 1 av. J.-C.

1re PÉRIODE : VIE NOMADE. — LES PATRIARCHES.

§ II. **Vocation d'Abraham**, **2296**. — Abraham habitait la ville d'Ur, en Chaldée, lorsque Dieu lui apparut et lui dit : « Sors de ton pays, quitte ta famille et la maison de ton père, et viens en la terre que je te montrerai. Je te rendrai père d'un grand peuple, et toutes les nations de la terre seront bénies en toi. » Par cette parole : «Je bénirai en toi les nations de la terre, » il lui promettait de faire naître de sa postérité le Sauveur du monde. Abraham partit, emmenant sa femme Sara, son neveu Loth, et leurs nombreux serviteurs. Il passa l'Euphrate avec sa famille et ses troupeaux, et vint jusqu'à Sichem (à l'O. de la Palestine), située dans la contrée qu'occupaient alors les Chananéens. Dieu lui apparut encore, et lui dit : « Voilà le pays que je donnerai à ta postérité. »

A son retour d'Égypte, où la famine l'avait contraint de se retirer pour y faire vivre la tribu considérable qui le suivait, Abraham retourna en Chanaan. Il vainquit le roi des Élamites, qui avait fait Loth prisonnier, et délivra son neveu. Après ce grand succès, Melchisédech, prince de Salem, le bénit au nom du Très-Haut, et Dieu lui renouvela à deux reprises la promesse qu'il lui avait faite. « Lève les yeux, lui dit le Seigneur, et, si tu le peux, compte les étoiles : aussi nombreuse sera ta postérité. Cette terre où tu marches, je la donnerai à tes descendants, depuis le torrent d'Égypte jusqu'au grand fleuve Euphrate. » Toutefois, le temps n'était pas encore venu de prendre possession de cette terre, et nous voyons les patriarches, à l'exemple d'Abraham, se déplacer fréquemment, — conduisant leurs troupeaux de pâturages en pâturages. Les Hébreux n'abandonnèrent la vie nomade que sous Josué. Quant à Abraham, il conserva, dit Bossuet, les mœurs antiques. « Il mena toujours une vie simple qui, toutefois, avait sa magnificence, que ce prince faisait paraître principalement en exerçant l'hospitalité envers tout le monde. »

Châtiment de Sodome et Gomorrhe. — Sodome, Gomorrhe, Séboïm et Adama, consumées par le feu du ciel à cause des crimes de leurs habitants, fut un terrible avertissement donné aux habitants de Chanaan. Près de l'emplacement qu'occupaient ces villes, autrefois florissantes, s'étend un lac dont les bords arides attestent encore aujourd'hui le châtiment céleste : c'est le lac Asphalite ou mer Morte. (Sa longueur est de 22 lieues sur 5 de large.)

Les circoncis et les incirconcis. — La dernière partie de la vie d'Abraham fut marquée par de nouvelles faveurs, mêlées à des épreuves. Sa femme Sara, bien qu'avancée en âge, lui donna un fils, Isaac. Isaac fut circoncis : cette cérémonie de la circoncision ne cessa pas de se pratiquer entre les descendants d'Abraham, comme le signe de l'alliance avec Dieu. Beaucoup des peuples d'Orient et les mahométans l'ont adopté à l'exemple des Hébreux. Ils se considèrent comme marqués du signe de l'alliance, et ils appellent les chrétiens et les autres nations, qu'ils traitent d'infidèles, les *incirconcis.*

Sacrifice d'Abraham. — Le Seigneur voulant éprouver la foi d'Abraham, lui ordonna d'immoler son fils Isaac. Mais au moment où il allait consommer ce sacrifice, le plus grand qu'on puisse demander à un père, Dieu fit savoir à Abraham qu'il était satisfait de son obéissance et qu'il n'avait voulu que la mettre à l'épreuve. Le patriarche mourut à l'âge de cent soixante-quinze ans. Ses restes furent inhumés dans la caverne qu'il avait achetée pour y ensevelir sa femme Sara. C'est là qu'ont été transportés, après leur mort, les corps d'Isaac et de Jacob.

Abraham avait eu d'Agar Ismaël : d'Ismaël sont descendus les Arabes. Les ismaélites occupèrent le pays situé entre l'Euphrate et la mer Rouge. — De Loth naquirent Moab et

Ammon, pères des Moabites et des Ammonites, peuples placés au sud-est de la Palestine.

Isaac. — Isaac succéda à son père dans la possession des troupeaux et dans l'héritage des promesses divines faites à Abraham. Il avait épousé Rebecca, sa cousine, que son serviteur Eliézer était allé chercher au pays de ses pères, en Mésopotamie ; car Dieu, pour les soustraire à la corruption, défendit aux enfants du patriarche de se marier avec les femmes de Chanaan. Isaac eut deux fils, Esaü et Jacob. Un jour, Esaü, cédant à la fatigue et à la faim, vendit à son frère son droit d'aînesse. Jacob, qui devenait par là le chef de la famille, obtint au moyen d'une ruse, et avec l'aide de sa mère Rebecca, la bénédiction d'Isaac. Héritier des promesses de Dieu, il se rendit dans la Mésopotamie, où il épousa successivement Lia et Rachel, filles de son oncle Laban. C'est pendant ce voyage qu'il vit en songe une échelle dont l'extrémité s'appuyait sur la terre et qui de l'autre touchait au ciel. Au-dessus trônait le Seigneur, et sur les échelons les anges montaient et descendaient.

Après un séjour de plusieurs années, il se disposa à rentrer dans le pays de Sichem ; mais il redoutait le courroux de son frère Esaü, qui ne lui pardonnait point d'avoir surpris la bénédiction de leur père. Pour lui donner de la confiance en lui faisant faire l'essai de ses forces, l'ange du Seigneur lutta avec Jacob qui, toute une nuit, résista sans défaillir. L'ange le quitta au matin en lui donnant le nom d'*Israël*, *héros de Dieu*, fort contre Dieu, que les descendants de Jacob ont porté comme un titre d'honneur. Le jour même Esaü venait au-devant de Jacob, et les deux frères se reconciliaient.

Esaü s'était établi à l'est du Jourdain et de la mer Morte, dans le pays appelé Idumée ou Edomée. De là ses descendants passèrent au sud de la Palestine, entre la terre qui échut depuis à la tribu de Juda et l'Arabie Pétrée.

Jacob. — Jacob est le père des douze patriarches qui donnèrent naissance aux douze tribus d'Israël : ce sont *Ruben*, *Zabulon*, *Siméon*, *Issachar*, *Lévi*, *Juda*, fils de Jacob et de Lia ; *Dan*, *Nephthali*, *Gad*, *Azer*, *Joseph* et *Benjamin*. Ces deux derniers étaient fils de Rachel et les préférés de Jacob, parce qu'ils étaient nés dans sa vieillesse, à un âge où il n'espérait plus goûter de nouveau les joies de la paternité.

Histoire de Joseph. — Cette affection particulière de Jacob avait excité la jalousie de ses autres fils. Le récit d'un songe qui annonçait le haut rang auquel Joseph devait parvenir un jour, porta ce sentiment à la dernière violence. Les frères de Joseph résolurent de se défaire de lui. Ils le vendirent à des marchands ismaélites qui le conduisirent en Égypte. Le don que Dieu avait donné à Joseph de démêler l'avenir dans l'incohérence d'images que présentent ordinairement les songes, le fit sortir de la prison où l'avait jeté la vengeance de la femme d'un officier du Pharaon, nommé Putiphar. Interprétant un songe du Pharaon que les prêtres d'Égypte, habiles dans cet art, n'avaient pu expliquer, il annonça au roi d'Égypte que sept années d'abondance seraient suivies de sept années de famine. Il l'engagea à profiter de l'avertissement que le ciel lui donnait en mettant en réserve une partie des grains qu'une abondance excessive allait laisser sans valeur. Le Pharaon, trouva que l'esclave avait plus de pénétration que tous ses prêtres : il lui mit au doigt son anneau, le revêtit d'une robe de lin, et, l'ayant fait monter sur un char, il ordonna à la foule de fléchir le genou devant celui à qui il avait confié une partie de l'administration du royaume.

Joseph se montra reconnaissant de cette faveur, car il rendit au Pharaon un service tel que jamais souverain d'Égypte n'en a reçu de plus grand d'un de ses sujets. Pendant les années d'abondance, il parcourut le pays, fit mettre en réserve dans toutes les villes une immense quantité de blé ; puis vint la famine, qui exerça ses ravages, non-seulement en Égypte, mais dans toutes les contrées voisines. Joseph ouvrit les greniers du roi. Il commença par échanger avec les Égyptiens et les autres peuples accourus pour se procurer des grains, le blé contre leur argent. Lorsque l'argent fut épuisé, les Égyptiens donnèrent leurs terres et tous leurs biens ; enfin ils se vendirent eux-mêmes au Pharaon, qui devint ainsi le maître absolu du sol et des hommes auxquels il laissa la terre, à la charge de la cultiver et de lui payer chaque année une redevance.

C'est pendant les années de famine que Joseph eut occasion de revoir sa famille et de la combler de biens. Ses frères étaient venus chercher du blé : Joseph les reconnut. Il s'aperçut que le plus jeune n'était pas avec eux, car Jacob, qui pleurait encore la mort de Joseph, n'avait pas voulu se séparer de son Benjamin, pour lequel il redoutait le même sort. Joseph exigea qu'ils le lui amenassent et retint Siméon en otage. Combien fut grande l'affliction de Jacob à cette nouvelle ! avec quelle peine il consentit au départ de Benjamin ! Cependant la famine sévissait ; il fallut se rendre une seconde fois en Égypte. Lorsque Joseph aperçut ses frères, et parmi eux Benjamin, il ne resta pas maître de son émotion. « Je suis Joseph, votre frère, s'écria-t-il en pleurant ; mon père vit-il encore ? » Il se jeta au cou de Benjamin, l'embrassa tendrement ; il embrassa ensuite tous ses frères l'un après l'autre. Jacob vit arriver ses fils chargés de présents que Joseph lui envoyait. « Je n'ai plus rien à désirer, dit-il en entendant le récit qu'ils lui firent, puisque mon fils Joseph est encore vivant. J'irai et je le verrai avant de mourir. » Il partit avec sa famille, qui était alors composée de soixante-six personnes, et avec de nombreux troupeaux. Joseph les établit dans la terre de Gessen, placée à l'entrée de l'isthme de Péluse, une des meilleures de l'Égypte par l'abondance de ses pâturages. 2076 av. J.-C.

§ III. **Les Israélites en Égypte**. — Jacob mourut en Égypte. Avant d'expirer, il avait exigé que ses enfants lui promissent qu'ils transporteraient ses os en Chanaan, au tombeau de ses pères. Il avait annoncé à chacun d'eux sa destinée, adressant à Juda ces paroles prophétiques : « Le sceptre appartient à Juda, il ne sortira pas de Juda jusqu'à ce que vienne celui qui doit venir, et qui sera l'attente des nations. » Il annonçait par ces paroles le Messie qui devait sortir de la race de Juda.

Révolution en Égypte. Les Israélites sont persécutés. — Tant que vécut Joseph, il assura aux Israélites les faveurs du Pharaon. Mais après lui, le souvenir de ses bienfaits se perdit parmi les Égyptiens. Des révolutions intérieures survinrent : les *pasteurs* qui avaient eu le pouvoir au temps de Joseph, firent place sur le trône à des princes pris parmi les anciens habitants *agriculteurs* et sédentaires. A mesure que le nombre des descendants de Jacob augmentait, l'aversion qu'inspiraient aux Égyptiens *purs*, ces *impurs*, devint plus grande. Ils voyaient des étrangers promener leurs troupeaux sur les meilleurs pâturages de l'Égypte, adorer d'autres dieux que les leurs et s'entretenir de l'espoir d'aller plus tard s'établir dans un autre pays. La haine profonde qui les animait contre les pasteurs et qui avait sa source dans le souvenir encore récent de longues luttes, se fortifiant de la crainte que leur inspirait la multitude toujours croissante des Israélites, ils commencèrent à les persécuter. Les rois les employèrent à construire des pyramides et d'autres édifices, à creuser des fossés, à pétrir des briques, leur faisant porter la pierre et les nourrissant d'oignons ou de légumes. Mais comme la fécondité de cette race bénie, promise à de grandes destinées, ne diminuait pas au milieu de ces durs travaux, le Pharaon (Aménophis) qui ne pouvait contraindre les descendants de Jacob à abandonner leurs croyances et leurs usages, à séjourner dans les villes comme les autres Égyptiens, résolut de les détruire. L'ordre fut donné de jeter tous les enfants mâles, au moment de leur naissance, dans le fleuve sacré, dans le Nil. La mort devait punir toute infraction à cette loi barbare.

§ IV. **Moïse.** — Une femme israélite, de la tribu de Lévi, ne pouvant plus cacher son fils, qu'elle était parvenue à soustraire pendant trois mois à toutes les recherches, eut l'idée que Dieu lui inspira, de le mettre dans une corbeille de jonc enduite de poix et de bitume et de l'exposer ainsi sur le bord du fleuve. La fille du Pharaon, qui descendait pour se baigner, aperçoit cette corbeille parmi les roseaux et donne ordre à une des femmes qui l'accompagnaient de la lui apporter. Quand, l'ayant ouverte, elle vit ce petit enfant qui criait, elle en eut compassion, le fit nourrir et l'adopta ensuite pour son fils. Elle le nomma Moïse, mot qui signifie *sauvé des eaux*.

Moïse grandit dans le palais du Pharaon, instruit avec soin dans toutes les sciences des prêtres égyptiens ; mais les faveurs et les biens dont il jouissait ne lui avaient point fait oublier son origine. Il se sentait profondément affligé des souffrances de ses frères. Un jour il tua un Égyptien qui frappait un Israélite. Comprenant qu'il n'y avait plus dès lors de sécurité pour lui en Égypte, il traversa le désert et se rendit dans le pays des Madianites (Arabie Pétrée), où il épousa la fille du prêtre Jéthro. Là, il passa quarante années livré à la méditation, à la prière et au soin des troupeaux. L'ordre de Dieu, qui lui était apparu dans un buisson ardent, sur le mont Horeb, l'arracha à cette vie tranquille. Moïse partit avec son frère Aaron pour remplir la tâche de délivrance qui lui avait été imposée.

Les dix plaies. — La Pâque. 1645. — Le Pharaon rejeta avec dédain l'ordre que Moïse lui adressa de la part du Seigneur de laisser sortir d'Égypte les Israélites. « De quel Seigneur me parlez-vous ? lui dit-il : je ne laisserai point partir les enfants d'Israël. » Alors Moïse faisant usage du pouvoir que Dieu lui avait donné à l'appui de sa mission, frappe successivement l'Égypte de neuf fléaux connus sous le nom des neuf *plaies*. L'obstination du Pharaon ne fléchit pas à la vue des eaux du Nil corrompues, des multitudes innombrables de grenouilles, de moucherons, etc., qui ravageaient l'Égypte. Moïse n'était pour lui qu'un homme plus savant que les prêtres égyptiens qui l'avaient instruit dans l'art des enchantements. Il fallut, pour vaincre sa résistance, une dixième *plaie*, plus terrible que les autres. L'ange exterminateur passa sur l'Égypte, et, dans une seule nuit, il fit mourir tous les premiers nés des Égyptiens, depuis la fille du Pharaon jusqu'au fils de la plus misérable servante : il frappa même les premiers nés de leurs animaux. Durant cette nuit, les Israélites s'étaient réunis par famille. Les reins ceints, les souliers aux pieds, le bâton à la main, comme des voyageurs qui vont partir, ils mangèrent la chair rôtie d'un agneau avec du pain sans levain et des laitues amères, et ils mangèrent à la hâte, car c'était *la Pâque*, c'est-à-dire le passage du Seigneur qu'ils devaient être prêts à suivre. « Le Pharaon se leva dans la nuit, et tous ses serviteurs et toute l'Égypte, et un grand cri s'entendit en Égypte ; car il n'y avait pas de maison où il n'y eût un mort. Et ayant appelé Moïse et Aaron durant la nuit, Pharaon leur dit : Levez-vous et sortez d'avec mon peuple, vous et les enfants d'Israël : allez, sacrifiez au Seigneur selon votre parole. » Telle était l'épouvante des Égyptiens qu'ils pressaient les Hébreux de se retirer au plus vite, leur donnant de la farine et des vêtements. Les Hébreux partirent donc au nombre de 600,000, sans compter les femmes et les enfants, emportant les vases d'or et d'argent des Égyptiens, et suivis d'un très-grand nombre de troupeaux. Leur séjour sur cette terre avait duré quatre cent trente ans ; 2075 à 1645.

Les Israélites traversent la mer Rouge. — Une suite de prodiges, nouveaux témoignages de la protection divine, protégèrent et dirigèrent leur marche. Le jour une colonne de nuées obscures, la nuit une colonne de feu, les précédaient. — Le Pharaon, ayant voulu les poursuivre, sans doute pour reprendre les vases d'or et d'argent, fut englouti dans la mer Rouge ainsi que toute son armée. Moïse, avec un geste de sa main, avait ouvert les eaux profondes devant les Israélites et les avait refermées sur les Égyptiens. La manne tomba du ciel pour nourrir les Israélites dans le désert, car au lieu de les conduire directement par le nord vers la terre promise, la colonne miraculeuse les avait fait descendre vers le sud, afin que leur vigueur et leur patience se fortifiassent pendant cette marche de quarante années qu'ils allaient faire en Arabie, souffrant de la soif et de la chaleur, harcelés par des tribus belliqueuses, — rude, mais nécessaire préparation à la conquête de la terre promise. Le peuple de Dieu habitué à la servitude était sorti de l'Égypte tremblant comme un peuple d'esclaves, il fallait qu'il entrât dans la terre de Chanaan avec la confiance dans ses forces et dans l'accomplissement des promesses de Dieu.

Les Israélites dans le désert. 1645 à 1605. — Le premier ennemi que les Israélites rencontrèrent fut le peuple des

Amalécites (descendant d'Esaü) placé au S.-O. de la Palestine. Moïse avait mis à la tête des siens Josué, fils de Nun. Pendant qu'ils combattaient, lui, debout sur la colline, sa baguette sainte à la main, priait le Seigneur. Quand il avait les mains levées vers le ciel, Israël obtenait l'avantage, qui cessait aussitôt qu'il les abaissait. Aussi pour assurer la victoire aux Hébreux, Aaron et Hur soutinrent les bras de Moïse jusqu'au coucher du soleil, et les Amalécites prirent la fuite après avoir essuyé une défaite complète.

Législation de Moïse. *Les dix commandements de Dieu.* — Quarante-six jours après la sortie d'Égypte on arriva au pied du mont Sinaï, au sud de la péninsule Arabique. C'est au sommet de la montagne que Dieu apparut à Moïse, et lui dicta, d'une voix qui se mêlait au fracas de la foudre et aux éclats des trompettes, la loi que celui-ci devait transmettre à son peuple. « Il écrit de sa propre main, dit Bossuet, sur deux tables qu'il donne à Moïse, le fondement de sa loi, c'est-à-dire le *Décalogue* ou les dix commandements qui contiennent les premiers principes du culte de Dieu et de la société humaine. Il dicta au même Moïse les autres préceptes par lesquels il établit le tabernacle, figure du temps futur ; l'arche où Dieu se montrait présent par ses oracles et où les tables de la loi étaient renfermées ; l'élévation d'Aaron, frère de Moïse, le souverain sacerdoce ou le pontificat, dignité unique, donné à lui et à ses enfants ; les cérémonies de leur sacre et la forme de leurs habits mystérieux, les fonctions des prêtres, enfants d'Aaron ; celles des lévites avec les observances de la religion ; et ce qu'il y a de plus beau, les règles des bonnes mœurs, la police et le gouvernement de son peuple élu dont il veut être lui-même le législateur. Voilà ce qui est marqué par l'époque de la loi *écrite*. » La loi de Moïse est supérieure à toutes les législations de l'antiquité, elle est le préambule de la loi d'amour et de charité que Jésus-Christ a apportée au monde.

Caractère de la législation. — *Lois religieuses.* — En religion, — elle établit l'unité de Dieu dont elle défend de faire l'image, afin de ne pas donner prise à l'idolâtrie. De même qu'il n'y a qu'un Dieu il n'y aura qu'un Temple où chacun sera tenu d'offrir à Dieu un sacrifice chaque année.

Les prêtres chargés des sacrifices seront pris dans la famille d'Aaron, frère de Moïse; les lévites chargés d'expliquer la loi au peuple et de la faire observer, devront appartenir à la tribu de Lévi. Ils seront disséminés dans quarante-huit des villes de la Palestine; comme tout leur temps sera absorbé par le saint ministère, ils n'auront point part au partage du sol, mais chaque Israélite devra mettre en réserve, pour l'entretien du lévite, la *dime* ou dixième partie du revenu de la terre. La maison et la table du lévite seront ouvertes à l'étranger.

Des fêtes sont instituées en commémoration des circonstances dans lesquelles s'est manifestée d'une manière éclatante la protection dont Jéhovah n'a cessé de couvrir son peuple. La *Pâque*, en souvenir du jour où le Seigneur délivra Israël de la domination étrangère; la *Pentecôte*, en souvenir du jour où il donna sa loi sur le Sinaï; la *fête des Tabernacles* célébrée sous les tentes, pour rappeler le séjour sous les tentes du désert; celle des *Expiations*, où le grand prêtre en sortant du sanctuaire accablait de malédictions un bouc, animal immonde, que l'on chassait ensuite vers le désert comme s'il emportait avec lui toutes les iniquités d'Israël : on appelait ce bouc chargé des péchés du peuple le *bouc émissaire*. Indépendamment de ces fêtes, les Hébreux célébraient le *sabbat*, repos du septième jour. Le nombre sept était sacré chez eux en souvenir de la création. Tous les sept ans, la terre aussi avait son année de repos, l'année *sabbatique*.

Lois morales. — On trouve ramenés aux dix commandements de Dieu les préceptes de toute la morale :

1° Tu n'auras point d'autre Dieu que Dieu. — 2° Tu ne feras pas d'idoles : tu ne les adoreras point. — 3° Tu ne blasphémeras point. — 4° Tu sanctifieras le jour du repos. — 5° Tu honoreras ton père et ta mère. — 6° Tu ne commettras point d'adultère. — 7° Tu ne déroberas point. — 8° Tu ne tueras point. — 9° Tu ne porteras point de faux témoignage; tu ne commettras point d'injustice. — 10° Tu ne convoiteras ni la maison du voisin, ni rien de ce qui est à lui.

La loi de Moïse apportait un soulagement au sort de tous ceux qui souffrent : au débiteur insolvable, la remise de sa dette, au pauvre, les fruits que la terre donnera sans culture, l'année *sabbatique* ; aux esclaves, la liberté au bout de sept fois sept ans, l'année du *Jubilé*. L'étranger, si maltraité par les législateurs antiques, est accueilli comme un frère : une part de la dîme est affectée à sa subsistance. Il n'est pas jusqu'aux animaux, envers lesquels le législateur ne commande d'être doux et compatissant.

Lois politiques.—En politique, Moïse proclama Dieu le seul chef de la nation. Les enfants d'Israël sont *le peuple de Dieu*. Ils ne reconnaîtront d'autre pouvoir que le sien. Son ministre est le grand prêtre ; ses serviteurs sont les lévites qui feront observer les prescriptions de la loi, de concert avec les 70 juges ou anciens, conseil suprême élu par la nation. De l'absence d'attributions suffisantes données à l'autorité du grand prêtre, il résulta que la nation dut plus d'une fois recourir à l'intervention d'un homme puissant ou inspiré, pour défendre son indépendance ou échapper à l'anarchie.

Pénalité. — Les autres prescriptions de la loi de Moïse, sont généralement inspirées ou par les principes de la justice la plus haute, ou par la situation particulière du peuple pour lequel elles étaient faites. L'obligation qu'elle impose des ablutions fréquentes, de l'abstention de certaines viandes : de la viande du porc, du lapin, du lièvre, avait ses causes dans la chaleur du climat de la Palestine et dans l'existence de maladies, telles que la lèpre, qui font une nécessité de la tempérance et de la propreté la plus rigoureuse. Tous les crimes sont sévèrement punis ; la loi du *talion*, qui consiste à infliger au coupable un mal ou un préjudice semblable à celui qu'il a fait souffrir à la victime, était posée comme règle de la punition des délits commis envers les personnes. Mais la mort frappait ceux qui, manquant aux premiers des commandements, se rendaient ainsi coupables envers Dieu chef suprême de la nation et auteur de la loi.

But du législateur. — De grands efforts sont faits pour changer les mœurs et l'humeur de ce peuple inconstant.

Afin de transformer les habitudes nomades en habitudes sédentaires, le partage de la *terre promise* aura lieu entre les tribus et dans chaque tribu entre les familles, proportionnellement au nombre des membres qui les composent. Afin d'empêcher qu'une grande inégalité de fortune ne se produise rapidement parmi les descendants d'Abraham, Moïse aurait voulu que cette part donnée à chaque famille, pour assurer son existence et pourvoir à ses besoins, ne pût en sortir par une vente ; à cet effet, il stipule que chacun reprendrait, à l'époque du jubilé, tous les cinquante ans, la terre provenant de l'ancien partage, nul n'ayant le droit de vendre, nul le droit d'acheter l'héritage inaliénable de la famille. — Défense fut faite de s'unir par le mariage aux femmes du pays ; on épargnera dans la guerre les femmes et les enfants, mais on exterminera les hommes de Chanaan. Moïse craignait que le contact avec les anciens habitants n'entraînât le peuple à l'idolâtrie. Cette appréhension a dicté toutes les prescriptions de sa loi qui ont pour but de séparer les Israélites des autres nations, et de les isoler au milieu des idolâtres.

La loi a été le lien des tribus et a fait la force de la nation, quand elle a été observée. Son universalité. — Cette disposition des Israélites à imiter les peuples voisins, à adopter leurs usages et leurs croyances, assez naturelle peut-être de la part d'un petit état entouré de grands empires, mais inconcevable de la part d'une nation qui avait reçu de Dieu tant de preuves particulières de prédilection, se manifeste à toutes les pages de leur histoire. Pendant que Moïse retiré sur le Sinaï écrivait les tables de la loi qu'il devait porter au peuple, celui-ci, au pied de la montagne, toute pleine encore de la majesté terrible du Dieu qui y dictait ses commandements, se prosternait devant le *veau d'or!* Que de fois dans la suite il se tournera vers l'idolatrie, adorant tantôt le *serpent* d'Egypte, tantôt le *Baal* et l'*Astarté* des Phéniciens, tantôt le *Moloch* moabite ! La loi de Moïse en faisant les Israélites égaux entre eux, égaux devant la loi et devant Dieu, n'avait pas établi un pouvoir fort qui les protégeât contre leurs égarements. Elle était le lien des tribus ; mais il aurait fallu une autorité qui le fît respecter. Dieu étant le chef de la nation, c'est en son nom seul qu'on pouvait gouverner. Jusqu'à la monarchie, le gouvernement ne fut exercé que temporairement par des hommes qui se présentaient en son nom, que son esprit remplissait et qui descendaient du pouvoir, dès que cessaient les circonstances extrêmes qui les y avaient portés. Ce sont eux que l'on désigne sous le nom de *juges*.

La religion, la politique, les lois destinées à régler les rapports des citoyens entre eux, avec la famille et avec l'état, en un mot, toutes les règles sur lesquelles se fonde et se maintient la vie d'une nation, se trouvent dans la loi de Moïse. Elle faisait des tribus d'Israël un peuple compact, uni par la conformité des croyances et des usages ; en état, par l'homogénéité et l'alliance de ses éléments, de lutter avec avantage contre les petits peuples voisins, divisés et ennemis les uns des autres. Aussi les temps d'idolâtrie ont-ils été pour les Israélites des temps de divisions, et par suite de servitude.

Longue marche des Israélites dans le désert. Mort de Moïse, 1605. — Après avoir erré quarante années dans le désert, et défait les peuples qui s'opposaient à leur marche, les Israélites arrivèrent enfin à l'entrée de la Palestine, près du Jourdain. Moïse fit le dénombrement des hommes en âge de porter les armes, depuis 20 ans jusqu'à 60. Ils se trouvèrent 601,730, sans compter les Lévites. Dans ce nombre il n'y en avait que deux, Josué et Caleb, qui eussent quitté l'Egypte âgés de plus de 20 ans. Les anciennes générations avaient laissé leurs os dans le désert, tant la marche avait été longue ! tant il s'était manifesté d'hésitations que Dieu avait dû punir ! Moïse lui-même, n'eut pas la satisfaction de prendre part à la conquête réservée aux jeunes générations. Le Seigneur lui fit voir seulement la terre promise, du haut du mont Nébo, en face de Jéricho. Il lui dit : « Voilà le pays pour lequel j'ai fait serment à Abraham, à Isaac et à Jacob en leur annonçant que je le donnerai à leur postérité. Vous l'avez vu de vos yeux, et vous n'y passerez point. »

Moïse mourut ; personne n'a su où il avait été enseveli.
— 1605.

***

LECTURES A FAIRE.

OUVRAGES PRINCIPAUX. SOURCES. — La *Bible* ou l'*Ancien Testament*, et particulièrement dans la *Genèse*, l'Histoire de Joseph, dans l'*Exode*, la Sortie d'Égypte ; l'une le plus touchant, l'autre le plus merveilleux récit qu'on puisse lire.

OUVRAGES SECONDAIRES. *Discours sur l'histoire universelle*, de Bossuet, tableau rapide, tracé à grands traits, dans lequel l'évêque de Meaux a présenté, en raccourci, l'histoire du genre humain et la marche des événements gouvernée par la volonté de Dieu.

Mentionner un grand nombre d'ouvrages estimables ou savants qui ont été écrits sur l'Histoire Sainte, ce serait donner l'embarras du choix.

***

CHAPITRE IV

ÉTABLISSEMENT DES ISRAÉLITES DANS LA TERRE PROMISE.— LES JUGES. — LES ROIS SAUL, DAVID, SALOMON. — SCHISME DES DIX TRIBUS.

SOMMAIRE

§ I. Établissement des Israélites dans la Terre Promise. — Bornes de la Palestine. Peuples principaux qui l'habitaient avant l'arrivée des Israélites.

Josué (1605 à 1508). Conquête de la Palestine. Partage entre les douze tribus : deux et demi à l'E. du Jourdain, neuf et demi à l'O. du fleuve.

Josué meurt avant d'avoir achevé la conquête qui ne fera aucun progrès jusqu'aux rois. — L'absence d'un gouvernement régulier est une cause de faiblesse et de division pour la nation.

§ II. Les juges (1580 à 1080).— Caractère de leur autorité temporaire. Ils délivrent le peuple de Dieu du joug de l'étranger sous lequel l'ont placé fréquemment ses infidélités.

La 1re servitude, sous le roi de Mésopotamie; délivrance par *Othoniel;* — la 2e sous les Moabites; délivrance par *Aod;* — la 3e sous Jabin; délivrance par *Debora* et Barac; — la 4e sous les Madianites; délivrance par *Gédéon;* — la 5e sous les Ammonites; délivrance par *Jephté;* — la 6e, sous les Philistins. Exploits de *Samson.*

Sous la judicature du grand prêtre *Héli,* nouveaux revers des Israélites. — *Samuel,* 1092, dont l'autorité paraît avoir été plus grande que celle de ses prédécesseurs, ramène le peuple aux lois de Moïse Les Israélites demandent un roi.

§ III. Les rois. — *Règne de Saül* (1080-1040). — Défaite des Philistins et des Amalécites. — Usurpation des fonctions sacerdotales : prédiction de Samuel. — David et Goliath. — Mort de Saül.

Règne de David (1040-1001). — Prise de Sion. Jérusalem, capitale du royaume. — Les Philistins, les Moabites, les Ammonites assujettis au tribut.— Crimes de David; Urie et Bethsabée.

Le prophète Nathan. — Révolte d'Absalon. —David fait reconnaître Salomon pour son successeur. — Les Psaumes de David.

Règne de Salomon (1001-962). —Sagesse et magnificence de Salomon.

Sa domination s'étend jusqu'à l'Euphrate et au N. de la mer Rouge.
— Construction du temple de Dieu.— La reine de Saba à Jérusalem.
— Fautes de Salomon. Agitation vers la fin de son règne.

§ IV. Schisme des dix tribus. — Division de l'empire de Salomon.
Royaume d'Israël et royaume de Juda.

Roy. d'Israël, 962 à 718 (Samarie cap.).—Il embrassait le territoire
de dix tribus. Impiété des rois *Jéroboam, Amri, Achab*, etc.; fin misérable d'Achab et de Jésabel, prédite par le prophète Élie. —
Règne glorieux de *Joas*. — Sous *Osée, destruction de Samarie*, 718.

Roy. de Juda, 962 à 587 (Jérusalem cap.). — Piété de *Josaphat*. Il
commet la faute de donner Athalie pour femme à son fils *Joram*.
Crimes d'*Athalie*. — Ingratitude de *Joas*. — Protection divine ac-
cordée aux rois *Ézéchias* et *Manassès*. — Judith et Holopherne. —
*Destruction du temple et du royaume de Juda par Nabuchodono-
sor II : 587.*

La *terre promise* (Palestine) était bornée à l'O. par la
Méditerranée, au N. par la Phénicie et la Cœlésyrie, à l'E.
et au S.-E. par les pays des Ammonites, des Moabites et
des Madianites (Arabie Déserte), au S. par l'Idumée (Arabie
Pétrée); au S.-O. par les pays des Amalécites et des Philistins. La chaîne de l'anti-Liban la traverse dans toute sa
longueur et la chaîne du Carmel s'étend de l'anti-Liban à la
mer. Les principaux peuples qui l'habitaient étaient, les Jébuséens au centre, les Héthéens au S. sur les bords de la mer
Morte, les Chananéens et les Phéréséens à l'O. et au N. Le
climat de ce pays est brûlant, et le sol devenu aride faute de
culture avait alors une grande fertilité.

§ I. **Établissement des Israélites dans la terre promise.** —
Conduits par Josué, successeur de Moïse, et par Eléazar, fils et
successeur du grand prêtre Aaron, les Hébreux pénétrèrent
dans la Terre promise. Devant l'arche d'alliance qui les précédait, les eaux du Jourdain se séparèrent, et le peuple de
Dieu put traverser le fleuve à pied sec. On se trouva alors
devant une ville entourée de hautes murailles. Pendant sept
jours l'armée fit le tour des remparts de Jéricho; le septième
jour ils s'écroulèrent au bruit des trompettes, les Israélites
se précipitèrent dans la ville et en massacrèrent les habitants.
Dieu, dans la crainte que son peuple ne se corrompît, en se

mêlant aux tribus de Chanaan toutes vouées à l'idolâtrie, avait ordonné leur extermination. Les Gabaonites qui avaient offert leur alliance aux Hébreux, furent seuls épargnés : ils obtinrent même des Israélites l'assistance de leurs armes. C'est dans un combat que Josué livrait aux ennemis de ce peuple, qu'il ordonna au soleil de s'arrêter, afin que la nuit ne l'empêchât pas d'achever sa victoire.

Partage entre les tribus. — Après des combats nombreux dans lesquels ils eurent presque toujours l'avantage, les Hébreux vainqueurs des 35 rois ou chefs qui occupaient le pays de Chanaan, se partagèrent la conquête. Seule parmi les tribus, celle de Lévi n'eut point de terres, parce que Dieu lui avait attribué la dîme ou les prémices de tout ce que le sol produirait. On assigna pour demeure aux Lévites, 48 villes disséminées sur le territoire de la Palestine. On recourut ensuite au sort pour faire le partage entre les tribus. Les noms de ces tribus rappellent ceux des 12 patriarches, fils de Jacob, à l'exception de Lévi et de Joseph qui sont remplacés par deux fils de Joseph, Manassé et Éphraïm, que Jacob avait adoptés. Les tribus de Ruben, de Gad et la moitié de la tribu de Manassé, les plus riches en troupeaux, avaient obtenu de Moïse qu'il leur abandonnât les pays conquis à l'E. du Jourdain. Elles conservèrent donc cette part. Voici maintenant dans quel ordre s'établirent les neuf tribus et demie, en allant du S. au N., à l'O. du Jourdain, dont le cours partage la Palestine en deux parties : 1° Juda reçut le S. sur les bords de la mer Morte jusqu'au désert de Kadès Barni ; — 2° Siméon, une des tribus les plus faibles en nombre, était enclavé entre le territoire de Juda à l'E. et celui qu'occupaient encore les Philistins à l'O. ; — 3° Benjamin au N.-E de Juda, s'étendait à l'E. jusqu'au Jourdain ; Jébus (Jérusalem), Jéricho, étaient sur son territoire; — 4° Dan, au N.-O. de Juda et à l'O. de Benjamin jusqu'à la Méditerranée ; — 5° Ephraïm au N. de Benjamin et de Dan, borné à l'E. par le Jourdain ; à l'O. par la Méditerranée ; Sichem lui appartenait ; — 6° La demi-tribu de Manassé (occidentale) au N. d'Éphraïm : Samarie fut bâtie sur son territoire; — 7° Issachar, au N.-E. d'Éphraïm, s'étendait à l'E. jusqu'au Jourdain ; — 8° Azer occupait la côte au N.-O. d'Issachar depuis le midi du mont Carmel, jusque près de Sidon ; — 9° Zabulon au N. d'Issachar, borné à l'E. par le lac de Génésareth, à l'O. par le territoire d'Azer ; — 10° Nephtali s'étendait au N.-E. de Zabulon jusqu'aux sources du Jourdain.

Après avoir réglé le partage, Josué abandonna le gouvernement intérieur des tribus à leurs *anciens* et à leurs chefs respectifs. Il n'entreprit pas d'enlever aux Chananéens le pays dont ils restaient maîtres, mais il recommanda aux Israélites de ne point se mêler à ces populations idolâtres, sous peine des plus grandes calamités. Il mourut, ne s'étant pas désigné de successeur. Les Israélites restèrent en quelque sorte sans chef. L'élan guerrier et l'enthousiasme religieux tombèrent insensiblement. Les Chananéens conservèrent les parties de territoire sur lesquelles ils avaient concentré la résistance. Ils n'en furent même entièrement dépossédés que lorsque la Judée tout entière tomba au pouvoir des Assyriens.

§ II. **Les Juges**. — *République fédérative*. 1580-1080.

Le gouvernement était passé aux mains des anciens qui se réunissaient en conseil pour délibérer sur les affaires publiques. Peu à peu l'anarchie fit des progrès ; le peuple négligea l'observation rigoureuse de la loi ; le lien national se rompit. Dieu, pour les punir de leur infidélité, permit alors que les Israélites divisés, fussent soumis ou assujettis au tribut par plusieurs des peuples idolâtres dont ils étaient environnés, et qu'ils n'avaient pas réduits à l'époque de la conquête. Le retour à la loi de Moïse avait pour conséquences le retour des faveurs divines, l'union du peuple, la défaite des ennemis. Le héros qui donnait le signal de la résistance était investi du commandement.

Ces heros furent appelés *juges* : ils n'avaient point d'autorité déterminée et constante. Devenus dans le danger commun, chefs d'armée, ils conservaient ordinairement après la victoire une certaine autorité sur la nation ; mais après eux, l'anarchie recommençait. L'absence d'un pouvoir central bien constitué laissait le peuple retomber dans son inconstance et dans ses divisions.

Israël six fois infidèle fut six fois subjuguée et six fois arrachée à la servitude, par des libérateurs ou *juges*.

1re *Servitude. Othoniel.* — La 1re fois elle fut assujettie à un tribut, par Chusan Rasathaïm, roi de la Syrie des Rivières (Mésopotamie) et délivrée 8 ans après par *Othoniel*, qui gouverna 40 ans.

2e *Servitude. Aod.* — La 2e fois elle tomba sous le joug d'Eglon, roi des Moabites : elle ne recouvra la liberté que 18 ans plus tard avec Aod.

3e *Servitude. Débora.* — La 3e fois elle fut soumise par Jabin, roi Chananéen, qui régnait à Azor, au S. de la Phénicie. La prophétesse Débora se mit avec Barac à la tête des hommes de la tribu de Nephtali, et vainquit les troupes de Jabin. Cette 3e servitude des Hébreux avait duré 20 ans.

4e *Servitude. Gédéon.* — Tombés ensuite sous la domination des Madianites, les Hébreux après 7 années d'une dure servitude, furent délivrés par Gédéon, qui, à la tête de 300 hommes, porteurs de trompettes et de pots de terre renfermant des lampes allumées, pénétra la nuit dans le camp ennemi. Cette surprise jeta l'épouvante parmi les Madianites qui s'égorgèrent les uns les autres et prirent la fuite.

Gédéon mourut après avoir gouverné 40 ans, laissant 71 fils. L'un d'eux Abimélech mit à mort tous ses frères, à l'exception d'un seul, et se fit proclamer roi par les habitants de Sichem ; mais dans une révolte suscitée par sa tyrannie, il fut tué de la main d'une femme, en assiégeant une ville de la tribu d'Éphraïm.

5e *Servitude. Jephté.* — Bientôt après, les Israélites toujours coupables envers Dieu eurent à subir le joug des Ammonites. Ce fut Jephté du pays de Galaad qui les délivra. Il avait fait au Seigneur le vœu d'immoler, en cas de triomphe, la première personne qu'il rencontrerait. Dieu permit, sans doute pour le punir de cet engagement criminel, que la première personne qui vint au-devant de lui, joyeuse et fière de sa victoire, fût sa fille. Quelques-uns croient que Jephté la consacra au service du tabernacle.

C'est à cette époque qu'un riche habitant de Béthléem appelé Booz, épousa une pauvre femme Moabite nommée Ruth, qui l'avait touché par l'amour qu'elle montrait pour sa belle-mère Noémi ; de cette union naquit Obed, père d'Isaï ou Jessé, et aïeul du roi David.

6e *servitude. Samson.* — Une nouvelle infidélité des Israélites fut cause de leur défaite par les Philistins, peuple situé au S. de la Palestine, sur les bords de la mer. Samson les délivra de cette servitude. Il avait été consacré au Seigneur dès son enfance et élevé comme un Nazaréen, ne buvant rien de ce qui peut enivrer et laissant croître sa chevelure sans la couper. Sa force prodigieuse se signala par de nombreux exploits. Une fois entre autres, il tua 1,000 Philistins avec une mâchoire d'âne. Un autre jour, enfermé dans Gaza, dont les habitants espéraient le surprendre, il se retira en emportant les portes de la ville sur ses épaules. Mais il avait confié à une femme, nommée Dalila, le secret de sa force, que Dieu avait placée dans sa chevelure. Cette femme, achetée par les Philistins, profita du sommeil de Samson pour couper ses cheveux et le livrer à ses ennemis, qui lui crevèrent les yeux. Jeté dans un cachot, traité ensuite comme un objet de risée, un jour que les Philistins célébraient la fête de leur idole, ils le firent venir dans le temple pour se divertir en se moquant de lui. Samson avait recouvré, avec sa longue chevelure, sa vigueur surnaturelle : il saisit deux colonnes sur lesquelles reposait tout l'édifice, les renverse et s'ensevelit sous les ruines avec 3,000 Philistins.

Judicature d'Héli. Succès des Philistins. — Pendant la judicature du grand prêtre Héli, descendant d'Aaron, de grands désordres se commirent, encouragés par sa faiblesse. Les descendants de Benjamin insultèrent un Lévite et firent périr sa femme après l'avoir accablée d'outrages. Le Lévite coupa le cadavre en morceaux, envoya ces débris sanglants, comme un appel à la vengeance, aux autres tribus, qui, saisies d'horreur, prirent les armes et exterminèrent presque tous les Benjamites.

Les deux fils d'Héli eux-mêmes, Ophni et Phinées, osèrent profaner le lieu saint et détourner les offrandes faites à Dieu. Le Seigneur, irrité, envoya à Héli un prophète qui lui annonça que le pouvoir sortirait de sa famille, et que Dieu punirait à la fois la faiblesse du père et les crimes des fils. Un jeune homme nommé Samuel, élevé dans le tabernacle, lui répéta cette prédiction, qui ne tarda pas à s'accomplir. Dans un combat livré aux Philistins, l'arche d'alliance fut prise; les deux fils d'Héli qui commandaient les Israélites furent tués; 30,000 de ces derniers restèrent sur le champ de bataille. En apprenant cette nouvelle, le grand prêtre tomba à la renverse et se fracassa la tête. 1112.

Judicature de Samuel. — Samuel, nommé juge, détermina les Israélites à revenir à l'observation de la loi. Les Philistins rendirent l'Arche d'Alliance, dont la possession avait été pour eux la cause de continuelles calamités.

Arrivé à un âge avancé, Samuel fut prié par les anciens, mécontents de l'administration de ses fils, de donner un roi à la nation. Il consulta le Seigneur, qui lui répondit de faire ce qui lui était demandé.

§ III. **Les Rois. Règne de Saül.** 1080-1040. — Samuel choisit Saül, de la tribu de Benjamin. Il le sacra en répandant une fiole d'huile sur sa tête. Ayant ensuite rassemblé le peuple à Maspha, il lui proposa d'élire par le sort le roi qu'il demandait. Le sort confirma le choix déjà fait par Samuel, et Saül, fils de Cis, fut proclamé roi malgré la résistance de quelques-uns des Israélites. On ne tarda pas à recueillir les avantages politiques qui devaient résulter de la concentration des forces de la nation dans les mains d'un seul chef. Le roi des Ammonites étant venu mettre le siége devant Jabès de Galaad, ville de la tribu de Gad, à l'est du Jourdain, Saül le défit complétement. Le peuple reconnaissant se réunit à Galgala, au nord de la mer Morte, et salua pour la seconde fois Saül roi d'Israël.

Défaite des Philistins. — Les Philistins envahirent le territoire d'Israël avec une armée nombreuse. Ils furent repoussés par Jonathas, fils de Saül; le roi lui-même se mit à leur poursuite, maudissant celui qui prendrait de la nourriture avant que la victoire fût achevée. C'est pendant cette guerre que Saül s'attira la disgrâce du Seigneur pour avoir usurpé les fonctions du sacerdoce en offrant lui-même le sacrifice. Samuel, dont le rôle se trouvait par là effacé, craignait avec raison que l'influence du sacerdoce, s'ajoutant à l'influence politique dans les mains du roi, ne l'investît d'un pouvoir absolu dont il pourrait abuser. L'autorité du grand prêtre devait contrôler ou contenir celle du monarque : elle assurait d'ailleurs la souveraineté de la loi de Moïse. L'usurpation de Saül pouvait avoir les plus graves conséquences, comme elle les eut en effet. Le prophète lui annonça donc que pour avoir manqué à la promesse qu'il avait faite, Dieu lui ôterait son royaume, lequel serait donné à un homme selon son cœur et déjà choisi. Un nouvel acte de désobéissance pressa l'accomplissement de la fatale prédiction. Saül ayant fait essuyer aux Amalécites une défaite complète, avait, contrairement à l'ordre du Seigneur, épargné le roi de ce peuple idolâtre, et s'était réservé la meilleure part du butin fait sur l'ennemi. A cette nouvelle, Samuel se rendit à Bethléem, où il sacra David, le plus jeune des fils d'Isaï. Dès lors l'esprit de Dieu abandonna Saül, et ce prince fut livré à de terribles agitations, que David, avec les accords de sa harpe, parvenait seul à calmer. Le roi, ignorant la mystérieuse élection de David, l'avait pris en affection et l'avait nommé son écuyer.

David et le géant Goliath. — Un géant philistin, nommé Goliath, provoqua en combat singulier le plus brave des Israélites. David relève le défi. Armé d'une simple fronde, il renverse le géant et se jette sur lui: avec sa propre épée il lui coupe la tête. Les Philistins, épouvantés, s'enfuirent, et les Hébreux, s'étant mis à leur poursuite, en tuèrent un grand nombre.

Pour récompenser le jeune héros, Saül lui donna le commandement de l'armée et lui fit épouser sa fille Michol. Mais bientôt après, en entendant les Israélites vanter le courage de David, il devint jaloux de lui et voulut le faire tuer. Deux fois David échappa à une mort presque certaine. Sa générosité l'empêcha de profiter des occasions qui se présentèrent de se venger de Saül, lequel, touché de cette conduite, finit par renoncer à ses dessins. —Samuel était mort en 1043.

Mort de Saül. — Les Philistins attaquèrent de nouveau les Israélites. La bataille se livra sur la montagne de Gelboë. Jonathas et deux autres fils de Saül furent tués. Le roi, déjà blessé, se jeta sur la pointe de son épée pour ne pas tomber vivant entre les mains des vainqueurs. David le pleura sincèrement et fit mettre à mort un Amalécite qui se vantait de lui avoir porté le coup mortel.

Règne de David. 1040-1001. — David se rendit à Hébron, où il fut proclamé roi par la tribu de Juda; mais Abner faisait en même temps proclamer Isboseth, fils de Saül. La lutte dura sept années. La mort d'Abner et d'Isboseth y mit un terme. David n'avait été soutenu jusqu'alors que par Juda : les autres tribus se rallièrent à lui.

Prise de Sion. Jérusalem, capitale. — Sa première entreprise, lorsqu'il se vit roi de tout Israël, fut la conquête du fort de Sion. C'est là, selon la tradition, qu'avait été placée la ville de Salem et qu'avait habité Melchisédech, le prêtre du Très-Haut. Ce point situé au centre du pays paraissait à David un emplacement favorable pour y établir la capitale du royaume. Sion fut prise sur les Jébuséens. La ville nouvelle, la *cité de David*, qui s'étendit bientôt sur une colline voisine un peu moins élevée, reçut le nom de Jérusalem. Elle ne tarda pas à devenir considérable. David s'y fit élever un palais où il plaça l'Arche d'Alliance en attendant la construction du temple de Dieu, œuvre réservée aux mains pacifiques de son successeur.

Défaite des Philistins, des Moabites et des Ammonites. — Le règne de David devait être consacré à la conquête et à la lutte. Il eut d'abord à repousser les Philistins. Ce peuple vaincu, il rendit les Moabites tributaires et marcha contre les Ammonites. Joab, le meilleur général de David, assiégea leur capitale, Rabbah-Ammon. La résistance fut longue et opiniâtre;

enfin, la ville tomba au pouvoir des Hébreux, qui y firent un immense butin. Une partie de la population fut égorgée, selon l'inexorable droit de guerre de ces temps ; une autre périt dans les supplices. Si barbare que fût le traitement infligé aux vaincus, il n'était qu'en rapport avec leur perversité et leur cruauté habituelles. Cette guerre glorieuse porta à son comble la puissance de David : il ne voyait plus autour de lui que des rois tributaires ou alliés.

Urie et Bethsabée. Le prophète Nathan. — Mais il ne sut pas jouir sagement de cette prospérité. Le meurtre d'un brave officier nommé Urie, qu'il fit tuer pour s'emparer de sa femme Bethsabée, lui attira les justes reproches du prophète Nathan, qui, pour éveiller dans l'âme du roi le sentiment et le repentir de sa faute, lui raconta le touchant apologue de deux hommes, l'un pauvre, l'autre riche : « Le pauvre, lui dit-il, n'avait qu'une petite brebis qu'il avait achetée, qu'il élevait, qui grandissait près de lui et de ses enfants, qui mangeait, buvait dans sa coupe, dormait dans son sein et qu'il tenait comme sa fille. Un voyageur étant venu chez l'homme riche, celui-ci, épargnant ses troupeaux, prit la brebis du pauvre et l'apprêta pour son hôte... » David comprit qu'il était l'homme riche qui avait dérobé au pauvre la petite brebis ; il se repentit sincèrement et il adressa à Dieu d'humbles et ardentes prières (voyez le psaume 51. Vulg. 50). Bethsabée, qu'il avait épousée, lui donna dans la suite Salomon.

Révolte d'Absalon. — Comme le prophète l'avait annoncé à David après le meurtre d'Urie, Dieu, pour le punir, devait remplir de maux sa maison. Un crime commis par un de ses fils, Amnon, sur sa sœur Thamar, ouvre cette longue suite de chagrins domestiques qui allaient empoisonner sa vieillesse. Absalon venge sa sœur en poignardant son frère ; le père trop indulgent, pardonne au bout de deux ans à ce fils ingrat, qui prend les armes pour le détrôner. On vit le vieux roi sortir à pied de Jérusalem, afin que la résistance de cette ville n'amenât pas sa destruction, se diriger, en versant des larmes et la tête enveloppée en signe de deuil, vers la montagne des Oliviers. Le succès de la criminelle tentative d'Absalon ne pouvait être assuré que par beaucoup d'activité et de résolution. Le jeune prince hésita : pendant ce temps, les soldats et les généraux de David se rallièrent. Dans la forêt d'Ephraïm, les troupes d'Absalon furent défaites : lui-même ayant pris la fuite se trouva arrêté par les branches d'un arbre autour desquelles s'était enroulée sa longue chevelure, et fut tué par Joab. David avait donné ordre qu'on épargnât sa vie. Quand il apprit le résultat de la victoire, il s'abandonna à la plus vive douleur. « Mon fils ! mon fils ! s'écriait-il en pleurant, que ne suis-je mort à ta place ! » Il se rendit à Jérusalem accompagné des députés de la tribu de Juda. A peine rentré en possession de sa capitale et de son palais, il apprit qu'une nouvelle révolte suscitée par Séba avait éclaté. Mais les rebelles eux-mêmes abandonnèrent leur chef dont la tête fut apportée à Joab.

David fait reconnaître Salomon pour son successeur. — David craignait que l'élévation au trône du plus jeune de ses fils, de Salomon, dont il avait promis à Bethsabée de faire son successeur, ne provoquât de la part de l'aîné de ses autres enfants une grande résistance. Pour prévenir l'exécution des projets ambitieux d'Adonias, qui était soutenu par Joab, il abdiqua la couronne en faveur de Salomon qui fut proclamé, en présence des chefs des tribus, des commandants de troupes et ensuite devant tout le peuple. David donna à son successeur les plus sages conseils, lui recommandant principalement l'observation fidèle de la loi. Peu de temps après, il mourut âgé de 70 ans, dans la quarante-unième année de son règne, laissant un royaume respecté au dehors, riche au dedans, disposant de forces militaires considérables, puisqu'un récent dénombrement avait constaté l'existence 1,300,000 hommes en état de porter les armes. C'est à sa politique et à ses victoires que les Hébreux avaient dû de devenir une nation indépendante, fort supérieure par sa civilisation aux États voisins. David a laissé des psaumes que l'Église chante dans ses solennités, et qui sont des monuments de la piété et du génie poétique du grand roi.

Règne de Salomon. 1001-962. — Au roi guerrier et législteur succéda le roi magnifique. La gloire du règne de Salomon avait été préparée par le règne laborieux et difficile de son père.

Le premier soin du nouveau monarque fut de s'affermir sur le trône en faisant mettre à mort Adonias et Joab. Ensuite il dépouilla le grand prêtre Abiathar de la sacrificature pour la donner à un de ses partisans, et disposa d'une autorité sans bornes qui ressemblait au despotisme des princes des grandes monarchies orientales.

Sagesse et magnificence de Salomon. — Jamais Israël ne vit tant de richesses accumulées dans son sein que sous ce prince, auquel Dieu, afin de récompenser la modération de ses désirs, avait accordé la sagesse et par surcroît tous les biens de la terre. On connaît le jugement célèbre qu'il prononça entre deux femmes qui réclamaient un enfant que chacune prétendait être son fils. Il n'existait aucun moyen d'apprécier la valeur d'allégations contradictoires. Salomon, s'adressant à ses gardes : « Qu'on coupe en deux l'enfant, dit-il, et qu'on en donne une moitié à chacune de ces femmes. » Mais la vraie mère, émue au fond de ses entrailles, s'élance vers le roi : « Seigneur, s'écrie-t-elle, donnez-lui l'enfant, je vous en supplie, ne le tuez pas. — Voilà la mère, dit alors Salomon; qu'on lui rende son fils. » L'Orient admirait la sagacité pénétrante du juge, habile à lire dans le cœur humain, et la magnificence du souverain. Son autorité s'étendait sur les contrées situées entre l'Euphrate d'une part, l'Égypte et les frontières du pays des Philistins de l'autre. Le commerce enrichissait ses sujets : des flottes conduites par des pilotes Tyriens allaient des ports d'Élath et d'Asiongaber, que les Israélites possédaient depuis David vers l'extrémité de l'Idumée au N. de la mer Rouge, chercher à Ophir la poudre d'or, les parfums, les perles et les pierres précieuses. Le roi avait dans ses écuries 40,000 chevaux pour les chariots, et 12,000 chevaux de selle. L'abondance régnait partout : « Chacun, dit l'Écriture, dans Israël et Juda, depuis Dan jusqu'à Bersabée (du N. de la tribu de Nephthali au S. de la tribu de Siméon) vivait dans l'abondance et la joie, à l'ombre de sa vigne et de son figuier. »

Construction du Temple. — Au milieu de cette prospérité, Salomon résolut de bâtir le temple de Dieu, dont son père lui avait laissé le plan, temple qui devait être unique comme le Dieu que les Israélites adoraient. Lui donner une magnificence sans égale, était à la fois obéir à l'exigence d'une sincère et profonde piété et flatter l'orgueil de la nation dont ce temple ralliait tous les vœux aux pieds de Jéhovah. Salomon se concerta avec le roi de Tyr, Hiram, qui après avoir été l'allié de son père était devenu le sien. Celui-ci promit de fournir tout le bois de cèdre qui serait nécessaire, à la condition qu'on lui donnerait en échange 20,000 mesures de froment et 20,000 mesures d'huile pure. 70,000 hommes furent employés sur la montagne à porter les fardeaux, 80,000 à tailler la pierre. On mit sept ans et six mois à construire l'édifice dont la forme était imitée de celle du Tabernacle de Moïse. Il se composait de deux cours ou parvis et du temple proprement dit, bâti en pierre et couvert en bois de cèdre. L'intérieur était divisé en deux parties : 1° le *Lieu saint;* 2° le *Saint des Saints* où furent enfermées l'Arche d'Alliance et les Tables de la loi. Salomon fit la dédicace du Temple l'an 992 av. J.-C.; il remplit dans cette circonstance les fonctions de grand prêtre. 22,000 bœufs et 120,000 brebis furent immolés au Seigneur.

La Reine de Saba à Jérusalem. — Salomon aurait dû se borner à cette construction immense pour laquelle il avait imposé au peuple de lourdes charges, mais il ne sut pas contenir son goût pour la magnificence. Il se bâtit un palais aussi riche que le Temple. Les matières précieuses y furent prodiguées : le trône sur lequel il siégeait était d'ivoire couvert d'or fin. Il est vrai que dans le même temps, il ordonnait des travaux utiles, faisait fortifier Jérusalem et un grand nombre de villes ou bourgs de ses États, construisait entre les déserts de la Syrie et de l'Arabie la ville de Tadmor (Palmyre) destinée à contenir les Arabes et à protéger les caravanes. Telle était sa réputation que tous voulaient le voir;

que les princes arabes et les rois voisins lui faisaient chaque
année de riches présents. La reine de Saba vint du fond de
l'Arabie Heureuse contempler le monarque dans sa gloire.
Elle se retira surprise de la sagesse du prince autant qu'é-
blouie de sa magnificence.

Fautes de Salomon. — La dernière partie du règne de Salomon contraste avec ce brillant tableau. Les tribus appauv-
ries par les impôts, commencent à murmurer contre un
pouvoir qui reste sourd à leurs plaintes et qui enrichit Jérusalem aux dépens du reste de la contrée. En même temps la
sagesse abandonne Salomon. Il a adopté les mœurs des rois
de l'Asie : pour plaire aux femmes de son harem, il sacrifie
aux divinités étrangères, à ces dieux stupides et féroces des
Chananéens. Il donne l'exemple de l'infidélité au culte national et au dieu dont il a élevé le temple. Cette conduite devait
avoir pour conséquences la division de ses États et la séparation des tribus. De son vivant même, Jéroboam donna le
signal de la révolte au S. et à l'E. Salomon fit échouer cette
tentative, mais ne put empêcher les Iduméens et Damas de
ressaisir leur indépendance.

Salomon mourut en 962. Il avait composé un nombre prodigieux de cantiques et de paraboles. Il ne nous reste sous
son nom que le *Cantique des Cantiques*, l'*Ecclésiaste*, où il
montre la vanité de toutes les choses humaines ; les *Prover-
bes*, recueil de maximes d'une grande sagesse.

§ IV. **Schisme des tribus.** — A sa mort, le mécontentement éclata de toutes parts. Les députés des tribus vinrent
réclamer de Roboam la réduction des impôts établis par son
père. Une réponse insolente de ce prince provoqua le schisme
qu'on devait redouter, et qu'il aurait fallu prévenir par de
sages concessions. Dix tribus proclamèrent pour roi Jéroboam. Les tribus de Juda et de Benjamin restèrent seules
fidèles au fils de Salomon. Ainsi se trouva consommée la division des Israélites en deux royaumes presque toujours en
lutte l'un contre l'autre et avec les nations voisines. Le premier soin du roi d'Israël, Jéroboam, fut d'entraîner le peuple
à l'idolâtrie, de dresser des veaux d'or à Béthel et à Dan, afin

d'empêcher ses sujets d'aller sacrifier au temple de Jérusalem chaque année, comme le voulait la loi de Moïse. Il ne voulait pas que des offrandes enrichissent Jérusalem, et il craignait que le maintien de l'unité religieuse ne ramenât le rétablissement de l'unité politique. De là cette pratique presque constante de l'idolâtrie dans le royaume d'Israël. Le royaume de Juda fut plus souvent fidèle à l'ancienne loi. Il dut à cette conduite de ses princes et à la distance plus grande qui le séparait de l'Assyrie, de conserver plus longtemps son indépendance.

Nous allons présenter très-succinctement le tableau de l'histoire séparée des deux États jusqu'à leur destruction. Quoique le royaume de Juda fût moins étendu et moins peuplé que celui d'Israël, il ne lui était pas inférieur en richesses. En outre, il avait un territoire compact et homogène, et pour capitale, la grande ville de la Judée, Jérusalem. Les rois d'Israël résidèrent d'abord à Sichem, puis à Samarie.

Royaume d'Israël. 962 à 718.

Jéroboam et ses successeurs se signalèrent par leurs crimes et leur impiété. — L'un d'eux, *Amri*, bâtit Samarie (sur le territoire à l'O. de la demi-tribu de Manassé), dont il fit la capitale du royaume, 917. — Son fils *Achab* avait épousé Jézabel, fille d'Ithobal, roi de Tyr. A son instigation, il adopta le culte de Baal et des autres divinités phéniciennes. Sous ce règne parut le prophète Élie. Il fit connaître à Achab et à Jézabel le châtiment qui les frapperait pour avoir fait mourir un pauvre homme nommé Naboth dans le but de s'emparer de sa vigne, voisine de leur palais. La vengeance du Seigneur atteignit d'abord Achab. Dans une bataille qu'il livrait au roi de Syrie, une flèche lancée au hasard le blessa mortellement (888). — Peu de temps après, *Jéhu* s'étant emparé du trône, précipita du haut d'une fenêtre de son palais l'impie Jézabel, dont le corps fut dévoré par les chiens, ainsi que l'avait annoncé Élie. Jéhu, instrument de la colère Divine, fit mettre à mort 70 descendants d'Achab et égorger les prêtres de Baal. Mais lui-même tomba dans une honteuse idolâtrie. — A l'exception de *Joas*, dont le règne glorieux

(832-817) releva un instant Israël, ses successeurs suivirent cet exemple. — Le dernier, *Osée*, s'était allié au roi d'Égypte, lorsque Salmanazar, roi d'Assyrie, *s'empara de Samarie, qu'il ruina de fond en comble*, 718. Le royaume d'Israël avait duré 240 ans.

Quelques années après, les Israélites qui étaient restés sur leur ancien territoire, se révoltèrent : on les transporta en Assyrie, où ils furent dispersés, et on mit à leur place des colons assyriens, qui formèrent ce nouveau peuple *samaritain*, ennemi constant des Juifs.

Royaume de Juda. 962 à 587.

Roboam étant tombé dans l'idolâtrie, en fut puni par l'entrée à Jérusalem du roi d'Égypte, et par le sac qui dépouilla le temple de ses richesses. — Son troisième successeur fut *Josaphat*, 915, un des rois de Juda que leur piété a rendus le plus célèbres ; il rétablit l'observation des lois de Moïse. A la suite de succès remportés sur les Philistins et les Ammonites, il encourut la disgrâce du Seigneur pour avoir formé alliance avec l'impie Achab, roi d'Israël, et avoir fait épouser à son fils Joram, Athalie, fille d'Achab et de Jésabel. Aussi une invasion des Moabites et des Arabes faillit lui enlever son royaume ; mais plein de confiance dans la miséricorde de Dieu, il s'avança au-devant des ennemis, précédé d'une troupe de lévites qui chantaient des prières. Le Seigneur, touché de la piété du roi, jeta le trouble dans l'armée des envahisseurs, qui s'enfuirent en toute hâte.—*Joram*, l'époux d'Athalie, succéda à Josaphat en 891 ; fils indigne de son père, il adora les idoles. Sous son règne, Jérusalem fut prise et pillée par les Philistins et les Arabes. — *Ochosias* mourut de la main de Jéhu, roi d'Israël. *Athalie*, qui lui succéda, fit tuer tous les enfants de son fils Ochosias. Un seul, Joas, fut sauvé par Josaphat, sa tante, femme du grand prêtre Joada. La septième année du règne d'Athalie, le jour de la Pentecôte, le grand prêtre assemble les lévites, les chefs de l'armée, et leur annonce l'existence de Joas, qu'on avait secrètement élevé dans le temple. A cette nouvelle, Athalie accourt pour apaiser la révolte. Elle est mise à mort. — Quelques années après, *Joas* se rendait odieux par son impiété et par son ingratitude : il adorait les idoles et faisait tuer le pontife Zacharie, fils de Joada son bienfaiteur; lui-même fut assassiné par deux de ses officiers, en 837, après 40 ans de règne. — *Amasias*, *Ozias* et *Achaz* occupèrent successivement le trône de Juda. Ce dernier roi, attaqué à la fois par Phacée, roi d'Israël, Rasin, roi de Syrie, les Iduméens et les Philistins, implora la protection du roi d'Assyrie, Teglath Phalasar, qui lui fit payer ses secours en l'obligeant à lui livrer les trésors du temple et en s'emparant du port d'Élath, 726.

Sous son fils *Ézéchias*, le royaume de Juda se releva un peu de sa faiblesse. Dieu, pour récompenser la piété de ce prince, livra à l'ange exterminateur 185,000 Assyriens qui, sous les ordres de Sennachérib, avait envahi ses États. — Son fils *Manassès* se livra à l'idolâtrie. Il en fut puni par le roi d'Assyrie Asar Haddon, qui l'emmena en captivité. Son repentir désarma le Seigneur, qui lui rendit le trône et délivra son royaume par l'entremise d'une femme nommée Judith. Holopherne, général de Nabuchodonosor, était venu assiéger Béthulie; Judith se présente à son camp. Elle gagne la confiance du général qui la retient à souper. Pendant qu'appesanti par les vapeurs du vin, Holopherne dormait sous sa tente, Judith, animée d'un courage et d'une force surhumaine, lui tranche la tête qu'elle emporte à Béthulie. Les Assyriens, privés de leur chef, s'enfuirent en désordre. — Mais après la mort de Manassès (698), de nouvelles infidélités furent suivies de nouveaux désordres. La Judée, placée entre les Babyloniens et les Égyptiens, fut ravagée tour à tour par les deux peuples. Nechao, roi d'Égypte, défit Josias à Mageddo (610); Nabuchodonosor II, roi d'Assyrie, s'empara quelques années après de Jérusalem (606). En 588, il détruisit le temple et la capitale du royaume de Juda. On compte les *soixante-dix ans de captivité de Babylone*, annoncés par les prophètes, de la première prise de Jérusalem (606 à 536).

LECTURES A FAIRE.

OUVRAGES PRINCIPAUX. SOURCES. — Dans l'*Ancien Testament*, le *Livre de Josué*. Il comprend l'histoire du peuple de Dieu depuis la mort de Moïse jusqu'à celle de Josué; — les *Juges*, ce livre expose l'histoire des Israélites pendant les servitudes, et celle des juges ou libérateurs; — les IV *Livres des Rois* commencent au gouvernement d'Héli et conduisent jusqu'à la captivité de Babylone. — Il existe une autre source moins précieuse que la Bible pour étudier l'histoire des Juifs, mais à laquelle on peut recourir avec fruit; ce sont les écrits de l'historien Josèphe. — JOSÈPHE (*Flavius*) naquit à Jérusalem, l'an 37 de J.-C., d'une famille sacerdotale. Il descendait par sa mère de la famille royale des Asmonéens. Son principal ouvrage, les *Antiquités judaïques*, en XX livres, comprend une histoire complète de la nation juive depuis la création du monde jusqu'à la révolte des Juifs contre les Romains; récit très-attachant qui supplée en beaucoup d'endroits au silence des livres saints. L'élégance du style de Josèphe l'a fait surnommer le Tite-Live des Grecs. Les détails du siége de Jérusalem se trouvent dans l'*Histoire de la guerre des Juifs contre les Romains et de la ruine de Jérusalem*, en VII livres.

OUVRAGES SECONDAIRES. — L'*Histoire sainte abrégée*, par M. Edom. — *La Palestine*, description géographique, historique et archéologique, par S. Munk, etc.

NOTES SUR L'ÉTAT ACTUEL DE LA PALESTINE.

Nous donnons ici sur l'état actuel des lieux dont il est fait mention dans l'histoire des Israélites, quelques notes empruntées aux relations des voyages les plus récents.

Les voyageurs distinguent en général dans la Palestine quatre parties: la *Galilée*, — la *Samarie*, — la *Judée*, — la *Pérée*.

La *Galilée* au N., sur les bords du lac de Génésareth, est une des contrées les plus fertiles de la Palestine. Tous les voyageurs parlent de la beauté de son lac aux eaux limpides et poissonneuses. — En allant du N. au S., on descend de la Galilée dans la *Samarie*. Une végétation luxuriante, les montagnes d'Éphraïm aux formes pittoresques, des vignes, des bois d'olivier, des prairies verdoyantes font encore aujourd'hui de cette région une des plus belles de la Syrie. Parmi les villes construites sur l'emplacement des anciennes cités, se trouve *Nablous*, l'antique Sichem. Près de Naplous, encore considérable par son commerce et son industrie, on montre au voyageur le tombeau de

Joseph, sur lequel les musulmans ont bâti une petite mosquée. — La *Judée* s'étend à l'O. du Jourdain jusqu'à l'Arabie Pétrée, pays montagneux, pierreux, moins fertile que le reste de la Palestine. Là s'élevait *Jéricho, la ville des palmiers*, à deux lieues du Jourdain et à six lieues N.-E. de Jérusalem, dans une vaste plaine. Aujourd'hui elle n'est plus qu'un pauvre village habité par une cinquantaine de familles musulmanes et bédouines, qui vivent de brigandages comme un grand nombre des tribus du voisinage de la mer Morte. — *Jérusalem* (*héritage de la paix*, en hébreu) rappelle les plus grands souvenirs de l'histoire. Le temps a bouleversé son sol; la ville n'occupe plus l'ancienne enceinte, et le mont Sion en est exclu en grande partie; mais, à chaque pas se retrouve la trace des événements de l'histoire du peuple de Dieu. « Dans toute l'étendue de cette terre, dit M. de Saulcy (*Voyage autour de la mer Morte*, relation du voyage, tome II, 1853), on reconnaît que les souvenirs bibliques sont impérissables. Là, rien de ce qui s'y rattache ne change, rien ne s'oublie, pas même un nom; et ce sont les événements humains dont la mémoire y a souvent été perdue. Aussi les catastrophes terribles dont Jérusalem a été successivement le théâtre ont à peu près disparu du souvenir des hommes : mais s'agit-il d'un fait, même secondaire, relatif à l'histoire du peuple hébreu? ce fait semble récent, tant est précise et vivace la tradition qui l'a recueilli et transmis d'âge en âge. » — Dans l'intérieur de la ville, on voit le *Golgotha* (*lieu du crâne*) et le *Calvaire*; aux environs, la montagne des *Oliviers*, du haut de laquelle la vue embrasse un horizon magnifique. On descend du Jardin des Oliviers par quarante-sept marches de marbre au tombeau de Marie. Près de là s'étend la *Vallée de Josaphat*. « Les pierres du cimetière des Juifs, dit M. de Châteaubriand, *Itinéraire de Paris à Jérusalem*, se montrent comme un amas de débris au pied de la montagne du Scandale, sous le village arabe de Siloau; on a peine à distinguer les masures de ce village des sépulcres dont elles sont environnées. Trois monuments antiques, les tombeaux de Zacharie, de Josaphat et d'Absalon se font remarquer dans ce champ de destruction. A la tristesse de Jérusalem, dont il ne s'élève aucune fumée, dont il ne sort aucun bruit; à la solitude des montagnes où l'on n'aperçoit pas un être vivant; au désordre de toutes ces tombes fracassées, brisées, demi-ouvertes, on dirait que la trompette du jugement s'est déjà fait entendre, et que les morts vont se lever dans la vallée de Josaphat. » Au N. de Jérusalem, on trouve une grotte dans laquelle Jérémie a composé ses lamentations, et à une petite distance de la grotte, le sépulcre des rois, le plus beau monument antique de la Palestine. M. de Saulcy a prouvé, dans une savante dissertation, que ce tombeau avait, dès une haute antiquité, servi de sépulture aux rois de Juda. On a transporté à Paris et exposé au Musée du Louvre des pierres de ces tombeaux dans lesquels ont reposé les rois David et Salomon. Près d'Hébron est situé le sépulcre des patriarches : au-dessus s'élève une mosquée bâtie en l'honneur d'Abraham, que les musulmans ont surnommé l'*Ami* de Dieu. — De l'autre côté du Jourdain, à l'E., s'étend la *Pérée*, terre raboteuse, peu peuplée, au S. de laquelle habitaient les Moabites, dont le triste pays occupait la côte orientale de la mer Morte. On a fait de la mer Morte les plus sombres descriptions : on a établi le contraste le plus saisissant entre le pays qui avoisine le beau lac de Tibériade, le pays où le Jourdain prend sa source et les régions de la mer Morte, où il se perd. Il paraîtrait, d'après le rapport de voyageurs qui ont exploré récemment les bords de ce lac (de Saulcy ; Delessert, *Voyage aux villes maudites,* 1853), que ces descriptions sont inexactes. Les eaux de la mer Morte ne sont pas poissonneuses, mais elles sont limpides, d'une couleur agréable, et sur certains points, les rives sont parées d'une riante végétation. Sur d'autres, l'air est chargé de vapeurs sulfureuses ; l'eau âcre et salée, jette sur les bords du lac des morceaux de soufre et de bitume ; des arbustes chétifs croissent péniblement sur un terrain couvert de sel gemme.

CHAPITRE V

LE NIL ET SES INONDATIONS. — PRINCIPAUX ROIS.

SOMMAIRE

Divisions de l'Égypte. — Basse, Moyenne, Haute-Égypte.

§ I. LE NIL ET SES INONDATIONS. — Périodicité des inondations du Nil, auxquelles l'Égypte doit sa fécondité.

Les anciens habitants de l'Égypte sont originaires de l'Éthiopie. — Colonies conduites par des prêtres de Méroë et de Thèbes. La Haute-Égypte, ou Thébaïde fut peuplée d'abord ; puis la Moyenne-Égypte, où s'éleva Memphis ; plus tard, la Basse-Égypte, ou Delta.

Les premières des trente et une dynasties égyptiennes sont fournies par la caste sacerdotale. — Les guerriers succédèrent aux prêtres.

Divisions de l'histoire de l'Égypte en trois périodes. La 1re comprenant l'histoire du *Haut-Empire,* de 3200 à 1650 ; — la 2e comprenant l'histoire du *Nouvel-Empire (Sésostris II),* de 1650 à 650 ; — la 3e, qui conduit depuis Psammitichus jusqu'à la conquète de l'Égypte, 650 à 525 av. J.-C.

§ II. PRINCIPAUX ROIS.

1re PÉRIODE, de 3200 à 1650.

HAUT-EMPIRE. — Influence dominante de la caste sacerdotale. — Luttes prolongées des anciens Égyptiens, originaires d'Éthiophie, sédentaires et agriculteurs, contre les Arabes pasteurs, les *Hycsos.*

Ménès, premier roi, passe pour avoir été le fondateur de Memphis, centre de l'autorité civile et militaire opposé à Thèbes, la ville sacerdotale.

Souphis et Chephren, rois de Memphis, élèvent les deux grandes pyramides.

Mœris fait creuser le lac qui porte son nom.

SÉSOSTRIS *l'Ancien.* — *Ses conquêtes ;* sa marche victorieuse à travers l'Asie attestée par des monuments dont la perfection prouve que l'Égypte jouissait, environ 3,000 ans avant J.-C., d'une civilisation très-avancée. — Travaux utiles exécutés par ce pharaon.

Invasion des Arabes pasteurs. — L'Égypte sous la domination des *Hycsos* pendant 937 ans. — Établissement de Joseph et des Israélites. — Les anciens Égyptiens réfugiés en Éthiopie, berceau de leur race et de leur religion, reprennent l'Égypte sur les Pasteurs.

Deuxième période, de 1650 à 650. — *Nouvel-Empire. Unité, grandeur et prospérité de l'Égypte.*

Expulsion des impurs par Aménophis I et II. — Les Israélites sortent de l'Égypte sous la conduite de Moïse.

Ramsès ou Sésostris II. — Réunion de toute l'Égypte sous son autorité. — Soumission de l'Éthiopie. *Victoires sur les peuples de l'Asie.* — Fondation de temples et de nombreux monuments. — Division administrative de l'Égypte en *trente-six nomes* ou districts.

Dynasties indépendantes à Tanis, Bubaste, Mendès, Saïs. — Domination éthyopienne. *Séthos.* — Démembrement de l'Égypte. — *Les douze chefs.*

IIIe Période, 650 à 525. — *Révolution dans l'organisation politique et religieuse de l'Égypte.* Les rois s'appuient sur l'influence étrangère. La séparation des castes tend à s'effacer. — *Décadence.*

Psammitichus, 650-617. — Certitude de la chronologie. — Le pharaon réunit l'Égypte sous son autorité avec l'aide des mercenaires grecs. — La caste des guerriers émigre en Éthiopie.

Néchao, 617-604. — Développement du commerce et des relations maritimes de l'Égypte. — Voyage des Phéniciens autour de l'Afrique. — Règne brillant terminé par des revers. — Nabuchodonosor II pille le Delta.

Amasis, 570-526. — L'obscurité de son origine et de son élévation montrent l'affaiblissement des castes et la révolution sociale qui s'est opérée en Égypte. — Faveurs accordées aux Grecs. — Faiblesse militaire de l'Égypte.

Sous *Psamménit, l'Égypte est conquise par Cambyse, 525.*

Divisions de l'Égypte. — L'Égypte est une vallée d'environ 200 lieues de long sur 5 à 10 lieues de large, au fond de laquelle coule le Nil, un des plus grands fleuves du monde. Dans presque toute son étendue, elle est resserrée entre deux montagnes granitiques; mais vers le point où le Nil va se jeter dans la mer, la vallée s'élargit tout à coup et forme une grande plaine triangulaire arrosée par les embranchements du Nil, qui ont été mis en communication au moyen de nombreux canaux. — L'Égypte se divisait en trois régions. 1° La *Haute-Égypte* ou *Thébaïde* (Saïd), commençant aux cataractes de Syène, qui formaient la limite méridionale de l'Égypte, et se terminaient à Phylacé;—2° la *Moyenne-Égypte* (Ouestanieh), appelée aussi *Heptanomide (sept provinces)* comprise entre Phylacé et l'endroit où le Nil se partage en plusieurs branches ; — 3° la *Basse-Égypte* ou *Delta*. C'est là que le Nil se jette à la mer par trois branches principales. L'une se dirige à l'E., c'est la branche pélusienne; une autre à l'O., la branche canopique; la troisième, la branche sebennytique, passe entre les précédentes.

§ I. **Le Nil et ses inondations**. — Les anciens ont dit que l'Égypte est un présent du Nil. Ce mot est surtout vrai appliqué à la Basse-Égypte. Chaque année le fleuve charrie, des montagnes où il prend sa source [1], une grande quantité de limon qu'il dépose dans la région voisine de la partie inférieure de son cours. Lorsque l'historien grec Hérodote visita l'Égypte, les prêtres lui racontèrent que la Basse-Égypte n'avait été, dans l'origine, qu'un marais s'étendant de la Méditerranée jusqu'au lac Mœris; que peu à peu s'était formé un terrain d'alluvion qui avait ajouté une contrée entière à la vallée de la Thébaïde, en reculant les bornes de la mer. L'Égypte doit au Nil plus que le Delta; elle lui doit chaque année sa fertilité: sans le fleuve, son sol serait stérile comme les déserts sablonneux qui l'entourent. Le Nil, grossi par les pluies périodiques qui tombent sous la zone torride, commence à croître vers la fin de mai. L'inondation a lieu aussitôt, favorisée par la conformation particulière de la vallée. Ordinairement les vallées servent de lit à de grands fleuves qui forment comme une espèce de berceau dont les eaux occupent le fond: l'opposé arrive en Égypte : la section transversale est une courbe légèrement convexe ayant dans sa partie supérieure une échancrure profonde qui est le lit même du Nil dans les basses eaux. Il résulte de cette singulière disposition du terrain que, dès que le fleuve s'élève tant soit peu au-dessus du niveau des berges, il peut submerger toute la partie convexe du terrain limitrophe, c'est-à-dire la totalité du pays cultivé; aussi l'Égypte n'est que le lit du fleuve : ce qu'il n'arrose pas c'est le désert, et ce désert, les eaux du ciel ne sauraient, comme celles du Nil, le rendre

---

1. La source du Nil est encore inconnue. L'ignorance où l'on est à cet égard depuis bien des siècles, tient à la difficulté de voyager dans les contrées situées au S. de l'Éthiopie, et à l'étendue et aux sinuosités du cours du fleuve.

fertile [1]. Pendant l'inondation, l'Égypte ressemble à une mer du sein de laquelle sortent des villes reliées par des chaussées qui permettent les communications. En se retirant, l'eau laisse un limon gras [2] sur lequel les habitants peuvent faire annuellement deux récoltes. « Chacun, dit Hérodote, vient alors jeter les semences dans ses terres et y lâche ensuite des animaux; la semence ainsi retournée et enterrée, il n'y a plus qu'à attendre la moisson. Les Égyptiens, particulièrement ceux qui habitent au-dessous de Memphis (*Bédréchéin*, Moyenne-Égypte), sont ceux qui recueillent avec le moins de travail les fruits les plus abondants. Ils n'ont point à creuser inutilement le sillon avec la charrue, ils n'ont ni la fatigue de retourner la terre ni celle de la bêcher; ils ne sont assujettis à aucun des travaux auxquels les autres hommes sont condamnés pour récolter, le fleuve se répandant de lui-même dans les champs et se retirant après les avoir arrosés. » Les représentations agricoles qu'on rencontre fréquemment sur les monuments égyptiens, confirment cette relation d'Hérodote. — Mais pour que l'inondation du Nil soit un bienfait, il faut que la crue atteigne une certaine hauteur et ne la dépasse point. Si elle est trop forte, elle est accompagnée de désastres semblables à ceux dont les inondations ont placé trop souvent le spectacle sous nos yeux; si elle est insuffisante, elle ne féconde pas le sol, et elle a pour conséquence la disette. On peut donc dire que la prospérité de l'Égypte a sa mesure dans le degré de la crue de son fleuve.

Premières colonies venues d'Éthiopie. Influence de la caste sacerdotale. — Au S. de l'Égypte se trouve l'*Éthiopie*. « Les Éthiopiens, écrit Diodore, affirment que l'Égypte est une de leurs colonies; le sol lui-même y est amené par le cours et les dépôts du Nil. Il y a des ressemblances frappantes entre les usages et les lois des deux pays: on y donne aux rois le titre de dieux; les funérailles sont l'objet de beaucoup de

---

1. Champollion Figeac, *Égypte ancienne.*

2. Les matières que le fleuve entraîne avec lui des montagnes, exhaussent son lit, en même temps que le limon qu'il dépose dans les inondations exhausse les terres basses. Le sol de la vallée s'élève donc insensiblement.

soins; les écritures en usage en Éthiopie sont celles de l'Egypte. » Aujourd'hui même dans les ustensiles, les meubles et les armes des habitants de la Nubie, on retrouve le style et la forme des objets qui ont appartenu aux anciens Égyptiens. L'influence de l'Éthiopie [1] sur l'Égypte dans l'antiquité, ne peut être contestée. La population est descendue de la Haute-Égypte dans la vallée dont la partie inférieure n'était alors qu'un marais impraticable. Les premières colonies parties de Méroë et de Thèbes (Haute-Égypte), à une époque très-reculée qu'il est impossible de fixer d'une manière précise, paraissent avoir été conduites par des prêtres. Elles commencèrent par bâtir des temples près desquels les peuplades errantes vinrent dresser leurs cabanes; peu à peu les villes se formèrent, placées sous la protection du Dieu et sous le gouvernement du corps sacerdotal. La Moyenne-Égypte se peupla de ces colonies dont la plus célèbre fut *Memphis*. Pendant longtemps les prêtres formèrent une classe à part, au-dessus de la nation; mais la nécessité de se défendre contre les agressions des populations nomades, força les habitants à mettre à leur tête un chef militaire. Le pouvoir fut alors partagé entre les guerriers et les prêtres, qui conservèrent une très-grande autorité sur la nation et sur le roi lui-même. Le premier de ces rois est appelé Ménès. C'est à partir de son règne que commence cette suite de trente et une dynasties de rois dont l'historien *Manéthon* avait dressé la liste.

Tous ces rois n'ont pas régné l'un après l'autre : plusieurs ont vécu à la même époque, placés à la tête des différents états entre lesquels l'Égypte était partagée. La difficulté que l'on éprouve à établir la succession de ces princes, jette le plus grand trouble dans la chronologie des époques reculées.

---

1. « Les limites méridionales de l'Égypte, avec les dernières cataractes du Nil, avaient été considérées comme les bornes assignées à l'art antique et à la civilisation ancienne; on poussa plus avant sur le Nil et dans son voisinage... et l'on découvrit cette chaîne de monuments qui excitèrent depuis l'admiration de tous les antiquaires, non-seulement par leur nombre, mais par leurs formes grandioses. Un temple succédait à l'autre, ou sur terre ou sous terre; en quittant un monument, on en apercevait déjà un autre; des colosses ensablés jusqu'aux épaules, s'élevaient encore par-dessus et décelaient les constructions gigantesques qu'ils dérobaient aux regards. » *Heeren*.

Pl. 2.

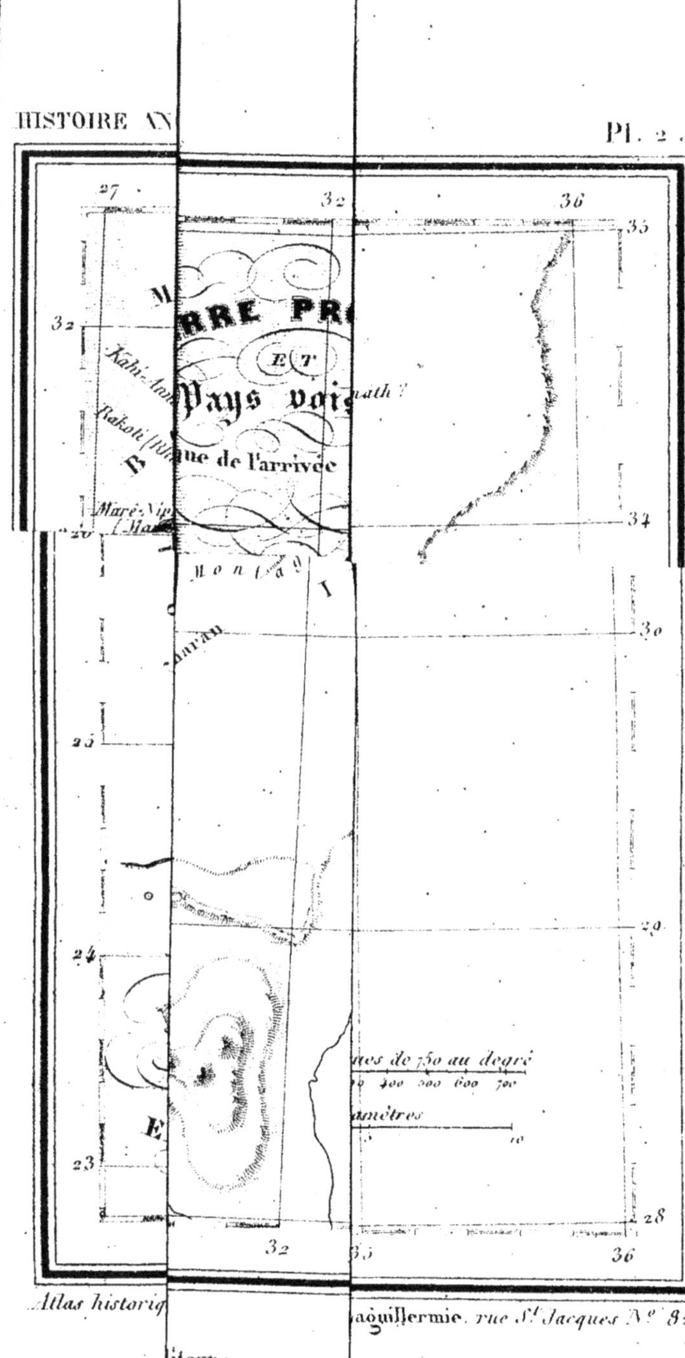

27
32
36
35
...RRE PRO...
ET
Pays vois...
...nath?
Kähi-...
Rakoti-...Plaine de l'arrivée
B
Maré-Nip
I. Ma...
34
Montag...
I
30
...aran
25
29
24
...tes de 750 au degré
400 500 600 700
...mètres
10
E
23
28
32 35 36

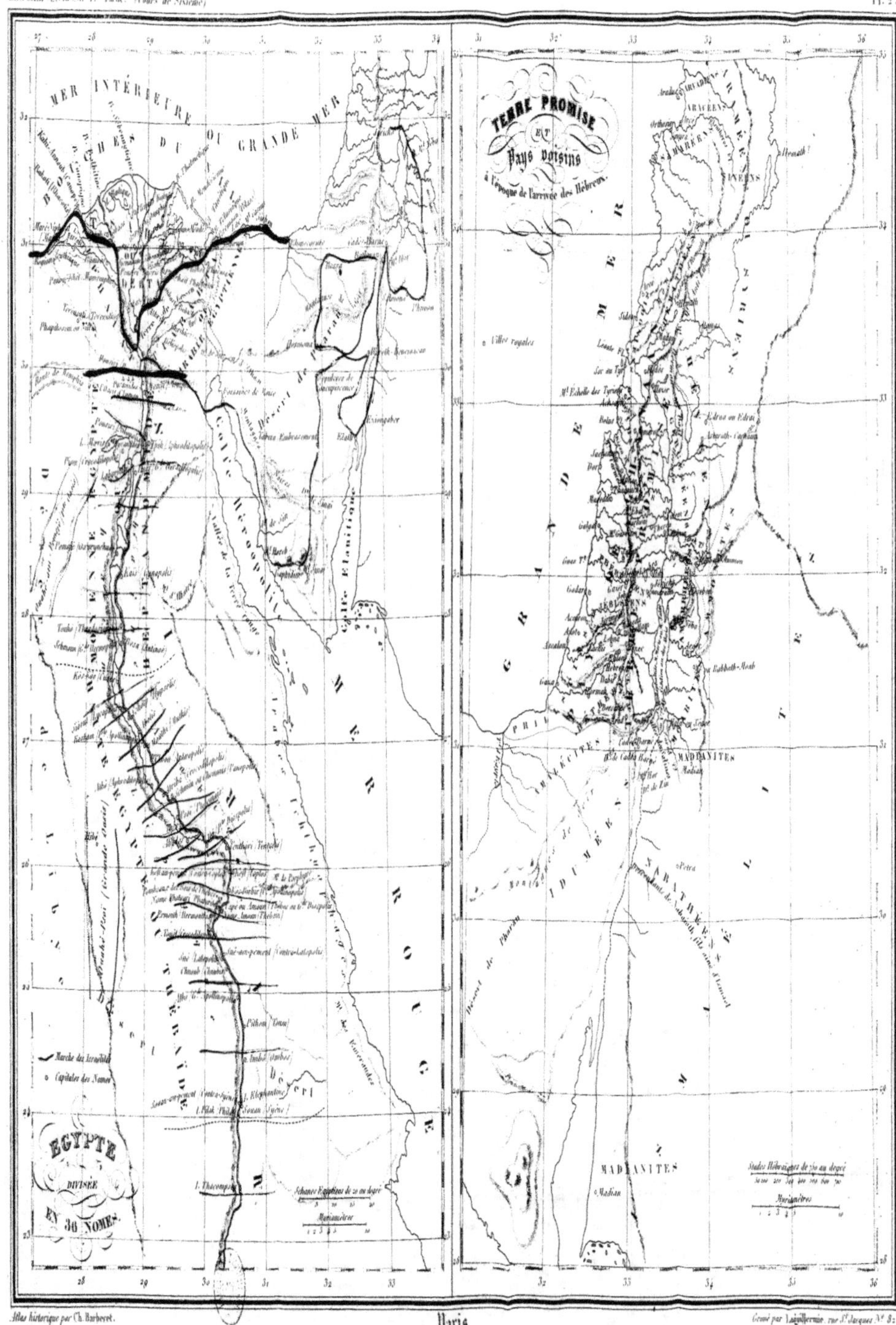
MER INTÉRIEURE OU GRANDE MER
BOUCHES DU NIL
TERRE PROMISE
ET
Pays voisins
à l'époque de l'arrivée des Hébreux
Désert de Pharan
MER ROUGE
MER MORTE
GRANDE MER
AMMONITES
MOABITES
IDUMÉENS
MADIANITES
PHILISTINS
Petra
Madian
MADIANITES
Cadès-Barné
Marche des Israélites
Capitales des Nomes
EGYPTE
DIVISÉE
EN 36 NOMES
Stades Égyptiens de 20 au degré
Myriamètres
Stades Hébraïques de 750 au degré
Myriamètres

Mais on reconnaît dans l'histoire de l'Égypte trois périodes distinctes : la première, celle du Haut-Empire, où l'on place le règne de *Sésostris l'Ancien*, et les luttes des anciens habitants contre les Hycsos, s'étend depuis les temps reculés jusqu'au règne d'*Aménophis* et au Nouvel-Empire, de 3200 à 1650 ; — la deuxème période, celle du Nouvel-Empire, comprend l'époque la plus brillante de l'histoire de l'Égypte, nous fait assister à l'expulsion complète des pasteurs, à l'établissement de l'unité nationale et aux exploits de *Sésostris II* ou *Ramsès*, de 1650 à 650 ; — la troisième, depuis *Psammitichus* jusqu'à la conquête de l'Égypte par Cambyse, est celle de la décadence de l'Empire, de l'affaiblissement des castes, de la prépondérance de l'influence grecque ou étrangère. Elle est comprise entre les années 650 à 525.

§ 11. **Principaux rois.** 3200 à 525 av. J.-C.

1re *Période*, 3200 à 1650. *Haut-Empire. Influence dominante de la caste sacerdotale. Luttes prolongées des Égyptiens contre les Hycsos.* — *Ménès.* Ce roi, fondateur de la 1re dynastie, passe pour avoir jeté les fondements de Memphis (Moyenne-Egypte) déstinée à remplacer, comme centre de gouvernement et de civilisation, Thèbes la vieille ville sacerdotale. La tradition qui lui attribue le développement du luxe, fit plus tard maudire son nom par un de ses successeurs, et cette malédiction [1] fut inscrite sur les murs du temple d'Ammon à Thèbes. — Nous ne reproduirons pas les noms des princes qui appartiennent aux trente et une dynasties ; nous nous bornerons à parler des plus importants.

Les grandes pyramides. — Pendant longtemps l'Égypte, bornée alors à la Moyenne-Égypte et à la Thébaïde, fut soumise aux Éthiopiens de Méroë. Plus tard elle secoua le joug : Memphis devint la capitale d'un État puissant. On attribue à des rois ou pharaons originaires de Memphis, à *Souphis* ou *Chéops* et à *Chéphren*, qui appartiennent à la 4e dynastie, la fondation des deux grandes pyramides. Pour élever ces constructions gigantesques, dont la plus haute a une élévation

---

1. Elle a été lue par Champollion le jeune.

deux fois supérieure à celle de Notre-Dame de Paris, le peuple fut accablé de corvées et des plus cruels traitements. Aussi les Égyptiens se vengèrent en donnant aux pyramides le nom d'un berger qui faisait paître ses troupeaux dans le voisinage, et les noms des fondateurs furent maudits par la caste sacerdotale.

La troisième grande pyramide fut élevée par le roi *Mycérinus :* un cercueil trouvé dans la pyramide porte le nom de ce pharaon.

Mœris. — C'est un des rois de la 6ᵉ dynastie nommé *Mœris* (il est appelé *Mœriapap* sur les monuments Egyptiens) qui a creusé ce lac célèbre destiné à recevoir dans les temps d'inondation l'excédant des eaux du Nil, et à les rendre à la vallée, lorsque la crue du fleuve était insuffisante.

La 12ᵉ dynastie marque l'époque la plus brillante de l'histoire du Haut-Empire égyptien, celle du grand conquérant Sésostris. Avec ce prince la prépondérance retourna de Memphis, la ville militaire de l'Empire, à la ville sacerdotale, à Thèbes qui en resta maîtresse.

Sésostris *l'Ancien. Ses conquêtes.* — Lorsque Hérodote visita l'Egypte, vers 455 av. J.-C., les prêtres lui racontèrent le règne de Sésostris et les événements qui s'étaient écoulés 25 ou 28 siècles auparavant. Voici la substance de leur récit : — Sésostris étant parti du golfe Arabique avec des vaisseaux longs, soumit les peuples qui habitaient les bords de la mer Erythrée (mer Rouge et golfe Persique). A son retour, il leva une nombreuse armée, et avançant en Asie, il subjugua tous les peuples qui se trouvèrent sur sa route. Dans le cours de ses conquêtes, quand il rencontrait des nations courageuses, il faisait élever sur leur territoire des colonnes où une inscription attestait la résistance du peuple qu'il avait vaincu : mais quand il avait affaire à des peuples sans courage, il faisait graver sur les colonnes un emblème de leur lâcheté. Hérodote rapporte qu'il avait vu de ces monuments dans la Syrie-Palestine. De nos jours on en a retrouvé près de Beyrout et sur la route qui conduit de Sardes à Smyrne.

Sésostris traversa aussi le continent, passa de l'Asie en Europe, et ravagea les pays occupés au nord par les Thraces et par les Scythes [1].—A son retour, il employa à de grands ouvrages la multitude des captifs qu'il avait ramenés des pays conquis. Ce sont eux qui creusèrent cette multitude de canaux qui rendaient le pays impraticable aux chevaux et aux voitures. Ce prince ordonna leur construction parce que toutes les fois que le fleuve venait à se retirer, les villes qui n'étaient point sur ses bords n'avaient pour boisson que l'eau saumâtre des puits. Il fit entre les Egyptiens un partage égal des terres, à la charge de lui payer tous les ans une redevance annuelle qui forma le revenu du souverain.

De nombreux monuments attestent les exploits de Sésostris. La perfection de leur exécution montre qu'en ces temps si reculés, l'art égyptien avait acquis un degré de délicatesse et de pureté bien remarquable. — On attribue à un roi de cette 12e dynastie la construction du *labyrinthe*.

Invasion des Arabes pasteurs. Domination des Hycsos. — La basse Egypte conquise sur la mer, protégée par de nombreux canaux, peuplée bientôt de villes florissantes, ouvrait aux Arabes pasteurs l'entrée de la vallée. Attirés par les richesses de cette terre privilégiée, ils firent une invasion soudaine qui ne rencontra aucune résistance, renversèrent les temples et les villes, et se fortifièrent dans la partie orientale du Delta : Avaris (Péluse) devint leur citadelle. Memphis, fut prise par ces *Hycsos* ou rois pasteurs. Les anciens Egyptiens restèrent maîtres de la Thébaïde; il y eut donc deux séries de dynasties qui régnèrent en même temps à Thèbes et à Memphis, représentant deux peuples ennemis et de races différentes. Selon Manéthon, la domination des Hycsos aurait duré pendant 937 ans.

Joseph vint s'établir en Égypte sous le règne de ces rois pasteurs. On a vu comment il contraignit les Égyptiens à livrer au Pharaon leur argent, leurs terres, tout ce qu'ils

---

1. *Justin* rapporte que les Scythes forcèrent Sésostris à se retirer, le poursuivirent et soumirent l'Asie à un tribut, qu'elle paya pendant des siècles. Ce fut Ninus, roi d'Assyrie, qui l'en affranchit.

possédaient et jusqu'à leur personne. Cet assujettissement des anciens habitants au souverain paraît avoir été le sort des Égyptiens, pendant la durée de la domination des pasteurs.

Deuxième période, 1650 à 650. — *Nouvel-Empire.* — *Expulsion des pasteurs.* — *Grandeur de l'Égypte.* — La délivrance devait venir des rois de la Thébaïde aidés des Éthiopiens.

Aménophis Ier, chef de la 18e dynastie, attaqua les pasteurs, leur enleva la plus grande partie de l'Égypte, et les obligea de se retirer au nombre de 240,000 avec leurs familles et leurs troupeaux, dans la Syrie et dans la Palestine. C'est lui que désigne la Bible lorsqu'elle dit : *Il s'éleva un roi qui n'avait pas connu Joseph.* Les Israélites, confondus avec les pasteurs dans la même réprobation et tourmentés par une insuportable tyrannie, sortirent de l'Égypte sous la conduite de Moïse et se dirigèrent vers la Terre promise.

Sous *Aménophis III*, les tribus des *impurs* qui étaient restées établies dans la Basse-Égypte prirent les armes, grossies probablement par d'autres tribus nomades, et se jetèrent sur les villes. Frappé d'épouvante, Aménophis crut reconnaître dans cet événement l'accomplissement d'une ancienne prophétie. Il se réfugia avec les images de ses dieux, suivi d'une multitude d'Égyptiens, en Éthiopie. Lorsque les treize années de désastres marquées par la prophétie furent écoulées, il reparut en Égypte, à la tête d'une nombreuse armée, fit essuyer aux *impurs* une défaite complète et les repoussa dans les déserts de l'isthme par où ils étaient venus [1]. L'expulsion des impurs fut achevée et la prospérité de l'Égypte portée au plus haut point par son fils Ramsès ou Sésostris le Grand.

Ramsès Meïamoun, ou *Sésostrie II.* — *Conquêtes.* — *Division de l'Égypte en trente-six nomes.* — Le faste de ce nouveau règne absorba en quelque sorte la gloire des princes qui avaient précédé. Le fils d'Aménophis III fut confondu avec l'ancien conquérant. Bien que l'existence de ces deux

---

1. On voit au Louvre la base d'une statue colossale de ce pharaon sur laquelle se lisent les noms de vingt-trois peuples vaincus.

princes du même nom et que leurs nombreuses victoires soient attestées par les monuments, il est assez difficile de les distinguer. Après avoir soumis l'Éthiopie, Sésostris entra en Asie à la tête d'une armée dont la course victorieuse rappelle la marche de Sésostris *l'Ancien*. Rentré en Égypte avec un immense butin, il éleva de nouveaux temples, régularisa l'administration de l'Égypte réunie tout entière sous son autorité et la divisa en trente-six provinces ou *nomes*, ayant chacune à sa tête un gouverneur ou *nomarque*[1].

Dynasties indépendantes à Tanis, Bubaste, Mendès, Saïs. — Après lui, on remarque encore quelques princes guerriers et conquérants; mais l'Égypte, arrivée au dernier terme de la prospérité, est un Empire qui ne peut que décliner désormais. L'incapacité et la faiblesse des descendants de Ramsès permettent à une famille de prêtres Thébains de se rendre maîtresse du trône. Un de ces rois de race sacerdotale qui avaient Tanis (Basse-Égypte) pour capitale, est le *Sésac* de la Bible qui vainquit Roboam, et s'empara des trésors du temple de Jérusalem. « Il vint, dit l'Écriture, avec douze cents chars de guerre, soixante mille cavaliers et une infanterie nombreuse, composée d'Égyptiens, de Libyens, de Troglodytes[2] et d'Éthiopiens. » Cette énumération donne une haute idée de ce qu'était encore l'Égypte malgré ses divisions; car il paraît qu'à cette époque des dynasties indépendantes s'élevèrent à Bubaste (à l'est du Delta), à Mendès, à Saïs.

Les Éthiopiens de Méroë profitèrent de l'anarchie pour replacer la plus grande partie de l'Égypte sous leur dépendance. La mésintelligence des deux castes principales, des prêtres et des guerriers, facilita cette conquête. On place vers

---

1. Le musée égyptien possède un sphinx de granit rose et une statue colossale en granit veiné de rose qui représentent Ramsès. Ce prince couvrit l'Égypte de monuments. *Son nom* se lit sur presque toutes les importantes constructions que l'on rencontre depuis Tanis jusqu'au fond de la Nubie. Ses victoires sur les Éthopiens et sur les Asiatiques sont sculptées dans les grandes pages historiques qui décorent Isamboul, Luxor et le Ramassium. Mais son orgueil paraît n'avoir pas connu de bornes, car il se mit lui-même au nombre des dieux égyptiens. — (Voyez la *Notice sur le musée égyptien*, par M. de Rougé).

2. Leur nom veut dire *habitants des cavernes*. Leur pays était situé le long du golfe Arabique.

ce temps le règne du prêtre de Vulcain , *Séthos*. Il vit l'Égypte envahie par une armée assyrienne que commandait Senna-chérib ; mais les guerriers égyptiens refusèrent de marcher, et le prêtre se croyait perdu, quand Dieu envoya une multitude de rats qui rongèrent pendant la nuit les cordes des arcs des Assyriens et les mirent hors de service. Le lendemain fut signalé par la fuite de l'armée de Sennachérib. Tel est le récit d'Hérodote. — Après Séthos, l'Égypte se démembra ; on y voit régner à la fois 12 rois, parmi lesquels *Psammitichus* qui gouvernait une partie de la Basse-Égypte, devenue, depuis Sésostris, la partie la plus riche et la plus importante de la vallée.

Troisième période, 659 à 525. — *depuis Psammitichus jusqu'a la conquête de Cambyse. — Altération de la constitution politique de l'Égypte. — Influence étrangère. — Décadence de la nation.*

Psammitichus, 659-617. Avec ce prince, la chronologie de l'histoire d'Égypte jusqu'ici confuse, devient certaine. On sait que vers 659, secondé par des pirates cariens et ioniens , il attaqua les onze chefs qui s'étaient partagé l'Égypte, les vainquit et réunit toute la vallée sous son autorité. Pour témoigner sa reconnaissance aux mercenaires grecs auxquels il devait l'Empire et dont la présence devait consolider son pouvoir, il leur donna des terres situées entre Bubaste et la branche pélusiaque du Nil. La caste des guerriers blessée profondément dans ses intérêts, passa en Éthiopie. 200,000 hommes émigrèrent. La vieille Égypte sacerdo-tale allait sortir de son isolement, subir l'influence étran-gère et entrer avec les peuples grecs de l'Asie dans des rela-tions qui la transformeront ; mais cette transformation en fai-sant disparaître la division des castes, en éloignant du roi les prêtres comme elle en avait éloigné les guerriers, en détrui-sant l'homogénéité de la nation, son respect pour les an-ciennes institutions, sa foi dans les traditions nationales, amena la décadence rapide de l'Égypte et prépara son asser-vissement. Toutefois, la décadence ne se fit sentir que dans le degré d'énergie de la résistance qu'un peuple oppose aux armes de l'étranger. Sous le rapport du commerce, l'importance de l'Égypte ne fit que croître. Les relations maritimes apportèrent dans son sein de nouvelles richesses.

Néchao, 617 à 601, qui succéda à son père Psammitichus, fut le plus célèbre des pharaons de cette dernière période. Il chercha, comme son père, à faire de l'Égypte une puissance commerciale, et entreprit des travaux gigantesques pour ouvrir un canal entre le Nil et la mer Rouge ; mais il fut arrêté par un oracle qui lui annonça qu'il ouvrait un chemin par lequel les Barbares entreraient en Égypte. Ce canal de Néchao fut repris dans la suite par Darius, fils d'Hystaspe, par Ptolémée Philadelphe, par l'empereur Adrien et le conquérant arabe Amrou ; mais les sables du désert s'opposèrent toujours aux efforts tentés pour ouvrir cette voie de commerce. Néchao chargea, si l'on en croit Hérodote, des navigateurs phéniciens d'explorer les côtes de l'Afrique, et en deux années et demie ils firent le tour de ce continent. Hérodote raconte que, lorsque l'automne arrivait, les Phéniciens s'arrêtaient, ensemençaient et récoltaient. La troisième année, ils arrivèrent aux colonnes d'Hercule (détroit de Gibraltar). Une des circonstances du récit d'Hérodote, circonstance qu'il rapporte sans y croire, donne quelque autorité à ses assertions. Il raconte qu'après avoir passé un certain point, les Phéniciens virent le soleil à droite ; ce qui devait arriver, en effet, lorsqu'ils eurent franchi la ligne équinoxiale. Néchao s'occupa de guerres continentales en même temps que d'expéditions maritimes. Il s'empara de Jérusalem, après avoir vaincu le roi de Juda, Josias, à la bataille de Mageddo (609). Il marcha ensuite vers l'Euphrate, vainquit les Babyloniens à une première rencontre, non loin de ce fleuve, et s'empara de Circésium ou Carchemis. ville qui dominait le cours de l'Euphrate (607) ; d'autres places tombèrent encore au pouvoir de Néchao. En revenant dans ses États, il emmena captif le roi de Juda Joachas, et donna la couronne à Joachim, son frère. La Judée, comme la Phénicie, était un avantposte dont les rois d'Egypte tenaient à s'emparer dans leurs guerres contre les Babyloniens. Une nouvelle lutte s'engagea bientôt entre les deux peuples. Nabuchodonosor enleva la Judée à la domination de l'Égypte, battit Néchao près de Circésium (605) et s'empara de tout le pays qui s'étend de l'Euphrate jusqu'au Nil. Ce fut au milieu de ces revers que se termina le règne d'abord si brillant de Néchao (601).

Ophra ou *Apriès*, 595 à 570, deuxième successeur de Néchao, renouvelle la lutte contre l'empire de Babylone, auquel il voulait prendre la Phénicie. Il s'empara, en effet, de Sidon, et entraîna dans son alliance Sédécias, roi de Juda. Mais Nabuchodonosor ne tarda pas à lui enlever la Judée et la Phénicie, et il semble même que le roi de Babylone conquit une partie de l'Égypte. Apriès fut également malheureux dans une guerre contre la Cyrénaïque. Ses revers multipliés provoquèrent une révolte des Égyptiens. Apriès leur opposa les mercenaires étrangers que depuis Psammitichus les rois d'Égypte n'avaient cessé d'entretenir [1]. Mais les troupes furent vaincues à Momemphis par Amasis, que les révoltés avaient mis à leur tête et qu'ils avaient proclamé roi. Les Égyptiens, dont Apriès avait blessé l'amour-propre national en s'appuyant sur les étrangers, le mirent à mort.

Amasis, 570-526. — D'une naissance obscur, Amasis sut, par sa conduite prudente et par son habileté, se concilier l'affection de la nation. Un jour, faisant allusion à son ancienne condition et au rang auquel il était parvenu, d'où il commandait le respect, il se compara à un vase d'or qui, après avoir servi aux usages les plus vils, devenait, mis à la fonte et changé en statue de Dieu, l'objet de la vénération publique. Comme son prédécesseur, il témoigna aux Grecs de la déférence et de l'attachement; il les établit à Naucratis (dans le Delta) et favorisa l'exercice de leur culte. Il aimait les plaisirs, et il en usait comme d'une diversion aux travaux sérieux, disant qu'un arc ne peut pas toujours rester tendu. Toute cette conduite ne ressemblait guère à celle des anciens rois de la race sacerdotale. Amasis tourna ses efforts vers le

1. *Histoire ancienne*, par un professeur d'histoire, docteur ès lettres.

développement de la puissance commerciale de l'Égypte ; il s'empara de l'île de Chypre. Jamais, selon Hérodote, l'Égypte ne fut plus prospère ni plus florissante que sous le règne d'Amasis. « Il y avait alors en ce pays 20,000 villes (ou villages) bien peuplés. »

On vit, sous son successeur *Psamménit*, 526-525, à quoi tenait, dans l'antiquité, la grandeur d'un peuple privé d'une force militaire importante. L'Égypte, qui n'avait pu remplacer la caste guerrière que par une armée peu nombreuse de mercenaires, fut attaquée par *Cambyse;* une seule bataille la fit tomber tout entière au pouvoir du roi des Perses. Elle ne parvint pas dans la suite, malgré de fréquentes révoltes, à se soustraire à la domination étrangère. Désormais, pour tous les conquérants qui voudront s'en emparer, elle sera une proie facile.

LECTURES A FAIRE.

Ouvrages principaux. Sources. — La principale source pour l'histoire des Égytiens est fournie par les monuments dont les pharaons ont couvert le territoire de leur empire. La lecture des inscriptions qu'ils portent, écrites dans une langue appelée *hiéroglyphique*, commence à éclaircir des périodes restées jusqu'ici profondément obscures. C'est l'illustre Champollion le Jeune (1820 à 1830) qui a trouvé le premier la clef de cette langue perdue. On a pu aussi comparer les faits constatés par les monuments avec les relations des historiens grecs, et reconnaître que celles-ci, sauf pour la succession chronologique, sont généralement exactes.

Indépendamment des écrits de *Moïse*, où l'on trouve une description fidèle de l'état de l'Égypte à l'époque du prophète, mais non une histoire suivie, on peut lire les histoires d'*Hérodote* et de *Diodore de Sicile*. — *Hérodote*, né à Halicarnasse en 484, mort à Thurium en 406, a été surnommé le *Père de l'Histoire*, parce qu'il est le plus ancien des historiens grecs. Nous parlerons ailleurs plus longuement de ses ouvrages; nous dirons seulement ici qu'il parcourut la Grèce, l'Asie et l'Égypte. Arrivé dans ce dernier pays 70 ans environ après la conquête de Cambyse, il recueillit des renseignements sur l'histoire des temps reculés de l'Égypte, de la bouche de ceux qui en étaient le mieux instruits, les prêtres de Memphis. Il les consigna tels qu'il les avait reçus, notamment dans le deuxième livre de son histoire, qui a pour titre Euterpe. — *Diodore* de Sicile écrivit vers 60 avant J.-C., 400 ans après Hérodote; il a puisé les faits qu'il raconte dans les premiers livres de son histoire en partie dans les communications des prêtres de Thèbes, en partie dans les anciens historiens. — On a encore un document bien différent par sa nature des écrits précédents, mais bien précieux, dans des *Tables* ou *listes des dynasties royales d'Égypte*, que nous ont transmises des écrivains chrétiens des iiie et ive siècles de notre ère. Elles avaient été rédigées, sur l'ordre de Ptolémée Philadelphe, vers 260 av. J.-C., par un prêtre égyptien, nommé *Manéthon*, qui s'était servi des archives des temples et des inscriptions gravées sur les monuments, obélisques et tombeaux, véritables annales publiques de la nation. L'authenticité des faits consignés par Manéthon a été confirmée entièrement depuis qu'on a retrouvé sur les monuments de l'Égypte les noms des pharaons qu'il avait le premier fait connaître.

Ouvrages secondaires. — *Égypte ancienne*, par M. Champollion-Figeac, 1839. — *Égypte moderne*, par M. Marcel, 1848. — *Manuel de l'Histoire ancienne*, par Heeren (1836).

CHAPITRE VI

MONUMENTS ET CIVILISATION DE L'ÉGYPTE

SOMMAIRE

§ I. Monuments de l'Égypte. — Double utilité des monuments pour
l'histoire politique et pour l'histoire de la civilisation de l'Égypte.
Les pyramides. — Le sphinx.
Obélisques. — Obélisque de Louqsor.
Ruines de Thèbes : Palais de Louqsor et de Carnac. Ces constructions
immenses, temples et palais à la fois, servaient à la célébration du
culte et aux réunions générales des députés de la nation. — Colosses.
Le labyrinthe. — Le monument le plus étonnant de l'Égypte, au jugement des anciens.
Statuaire, peinture. — Les statues égyptiennes rappellent la roideur
des momies ; mais quelques-unes sont remarquables par la pureté
des lignes, la beauté des formes et le talent d'exécution. Vivacité
de couleurs de la peinture égyptienne, mais crudité de tons.
Le lac Mœris, — son étendue, son utilité pour remédier à l'excès ou à
l'insuffisance de la crue du Nil, deux causes de stérilité également
redoutables.

§ II. Civilisation de l'Égypte. — Sagesse des Égyptiens célèbre
dans l'antiquité. Des grands hommes de la Grèce qui ont visité
l'Égypte, les uns, Lycurgue et Solon, lui ont emprunté ses lois ;
d'autres, ses croyances. La doctrine de Pythagore, la *métempsycose*
(transmigration des âmes après la mort) lui a été évidemment in-
spirée par les prêtres égyptiens.
Religion. — Caractère religieux et grave des Égyptiens. — Tous
leurs monuments attestent combien ils étaient préoccupés pendant
leur vie de la destinée qui attend après la mort l'âme immortelle.
— La religion sacerdotale voilait sous des images matérielles des
vérités de l'ordre le plus élevé. Ammon-Ra, Osiris, Isis, Horus et
Typhon.
La religion populaire — révérait une infinité de dieux ; faisait des animaux utiles, tels que les chats, les chiens, les ibis, les cigognes, etc.,

et même quelquefois d'animaux malfaisants, comme les crocodiles,
les objets de son culte.

Le bœuf *Apis*.

Jugement public après la mort de chaque roi.

Division de la nation en classes ou castes : 1º les prêtres; 2º les guerriers; 3º le peuple, voué aux professions manuelles. — Avantages et
inconvénients d'une telle organisation sociale.

État des sciences chez les Égyptiens. — Les Grecs leur empruntèrent
la géométrie et l'astronomie. Ils firent des découvertes très-impor-
tantes dans l'astronomie, et, après eux, cette science resta station-
naire pendant des siècles. — Développement de l'agriculture.

Dans l'industrie, la division de la nation en castes put favoriser jusqu'à un certain point l'exécution manuelle du travail. Habileté des
Égyptiens dans certaines industries. — Richesse du sol.

Commerce. — Les Égyptiens se livrèrent au trafic des produits de leur
sol et de leur industrie. Ils profitèrent de leur position géographique
pour se faire les intermédiaires commerciaux entre les trois continents, entre l'Orient et l'Occident. — *Prospérité commerciale de
l'Égypte.*

§ I. **Monuments de l'Égypte**. — L'étude des monuments de
l'Égypte est également intéressante pour l'histoire de l'Égypte
et pour celle de ses arts, de ses mœurs, de ses croyances, de
son gouvernement, en un mot, de tout ce qui constitue la
civilisation du peuple qui l'habitait. Tandis que les inscriptions
relatent les noms des rois et les principales actions de leur
règne, les représentations sculptées sur les édifices rappellent les combats, les siéges et les victoires, montrent la forme
des armes et des chars, celle des instruments aratoires. Elles
nous font assister aux travaux de l'agriculture, aux opéra-
tions de l'industrie, aux cérémonies religieuses, à des scènes
innombrables où se retrace toute la civilisation et toute l'histoire du peuple égyptien, depuis les mystères de sa religion
jusqu'aux moindres usages de sa vie domestique. Ces ouvrages,
taillés généralement dans la pierre la plus dure, sont exécutés
parfois avec une habileté, une perfection que l'art moderne,
s'il cherchait à les imiter, pourrait difficilement égaler.
Nous ne parlerons pas ici de ceux des monuments égyptiens
qu'on trouve en si grand nombre dans les musées de l'Eu-

rope[1], mais de ceux qui étaient célèbres dans l'antiquité.

Les Pyramides. — Les plus connus de ces monuments sont les trois pyramides bâties par des rois de la quatrième dynastie. La grande pyramide (située à Gizet, à peu de distance du Caire) avait dans son intégrité un peu plus de 150 mètres (c'est la hauteur, moins $3^m,66$ du clocher de Strasbourg). Sauf un petit nombre de chambres, qui servaient à la sépulture des rois et de leur famille, et deux étroits couloirs qui y conduisaient, la pyramide est entièrement pleine. Les pierres dont elle se compose forment une masse d'environ 3 millions de mètres cubes, qui pourraient fournir les matériaux d'un mur haut de 2 mètres, qui aurait 4 mille kilomètres et ferait le tour de la France[2]. Hérodote dit que cent mille hommes furent employés pendant vingt ans à sa construction. Les quatre faces du monument, orienté avec une admirable précision, regardent les quatre points cardinaux. Dans l'intérieur de la première pyramide on a lu le nom de *Choufou* (Chaops); dans un tombeau placé près de la seconde, le nom de *Chafros* (Chephrem); dans la troisième on a trouvé, sur une planche du cercueil en bois qu'elle renfermait, le nom de *Mycerinus*[3] : ce sont les noms des constructeurs des pyramides.

Au pied de ces masses gigantesques est un sphinx, colosse de 30 mètres de long et d'environ 25 de haut. La tête seule, du menton au sommet, a prés de 9 mètres. Cette figure, moitié statue, moitié montagne, à demi enfouie dans le sable, produit un effet prodigieux. « Le fantôme de pierre paraît attentif, dit un voyageur; on dirait qu'il écoute et qu'il regarde. Sa grande oreille semble recueillir le bruit du passé; ses yeux, tournés vers l'orient, semblent épier l'avenir. » — On admet aujourd'hui que les têtes des sphinx égyptiens sont des portraits de pharaons.

1. L'examen attentif des objets que renferme un musée égyptien, par exemple celui du Louvre, est le meilleur commentaire et le meilleur complément de l'histoire de l'Égypte. Nous recommandons à nos lecteurs les visites au Musée égyptien du Louvre.

2. *Égypte moderne* par J.-J. Marcel, 1848. — Voyez à la fin du volume la *Note sur les Sept Merveilles du monde.*

3. Ces planches sont aujourd'hui à Londres, au *Musée britannique.*

Obélisques. — La forme des obélisques rappelle celle des pyramides. Ils sont tous d'un seul morceau de granit rouge. Ils étaient placés au devant des temples, jamais isolément. On voit sur la place de la Concorde, à Paris, un obélisque qui peut donner une idée des monuments du même genre, jadis si nombreux en Égypte. On l'a enlevé du village de Louqsor. Quatre inscriptions hiéroglyphiques [1], dont il est couvert, célèbrent la gloire des deux rois, Ramsès II, qui commença les sculptures, et Ramsès III, ou Sésostris le Grand, qui les acheva. Dans un des bas-reliefs, Sésostris, coiffé du *pschent*, symbole de son autorité sur la Haute et Basse-Égypte, et surmonté du globe ailé du soleil, fait au grand dieu de Thèbes l'offrande du vin. Sésostris est appelé le fils préféré du Roi des dieux, celui qui de son trône domine le monde entier. On mentionne le palais qu'il a fait élever dans la partie méridionale de Thèbes. — En général, les inscriptions des monuments sont très-pompeuses, mais les indications qu'elles renferment sont assez vagues pour nous.

Le village de Louqsor n'est qu'une partie de l'ancienne Thèbes, qui s'élevait sur les deux rives du Nil. Sur la rive droite du fleuve on aperçoit deux groupes de monuments reliés par une longue avenue de sphinx en granit rose. Tous les voyageurs parlent avec enthousiasme de la grande salle de Carnac [2]. Elle fut construite par Menephta Ier (le pharaon

1. Nous avons eu occasion de parler, à plusieurs reprises, des inscriptions hiéroglyphiques que l'on trouve sur la plupart des monuments de l'Égypte. Voici quelques renseignements sur les diverses écritures qui ont été employées par les Égyptiens. On distingue trois espèces de caractères : 1º les caractères *hiéroglyphiques*, qui sont des signes représentant des objets du monde physique, tels que animaux, plantes, figures de géométrie, etc., et ayant la valeur graphique des objets qu'ils représentent ou des idées abstraites qu'ils symbolisent. Ils sont au nombre d'environ huit cents. Cette écriture, dont toutes les classes avaient sans doute l'intelligence, était seule employée sur les monuments publics. — 2º Les écritures *hiératiques*, écriture rapide dans laquelle chaque signe est l'abrégé d'un signe hiéroglyphique ; ainsi, au lieu de dessiner un oiseau tout entier, on n'en reproduit que la tête ; au lieu de la figure entière du lion couché, la partie postérieure de son corps, etc. ; elle était plus particulièrement employée par les prêtres. — 3º Les caractères *démotiques* correspondaient aux lettres de notre alphabet ; c'était la plus facile, la plus simple, par suite l'écriture populaire. Ces deux dernières écritures ne se rencontrent que sur les manuscrits égyptiens, appelés *papyrus*, de l'écorce de l'arbre dont ils sont formés.

2. « Je me garderai bien de rien décrire, dit Champollion en parlant des ruines

Séthos, ancien prêtre de Vulcain), dont les exploits sont représentés sur les murs de l'édifice. Ici le roi Menephta, debout sur un char, perce de ses flèches ses ennemis qui tombent en foule dans des attitudes de désespoir. Le roi, le char, le coursier, tout est gigantesque par rapport aux ennemis de l'Égypte. Plus loin, le pharaon tient à la gorge un chef ennemi qu'il va percer de sa lance, tandis que son pied foule un adversaire qu'il vient d'immoler. Ailleurs, les vaincus font leur soumission, le roi rentre en triomphe et reçoit les hommages de ses sujets prosternés devant lui. Sur un autre mur, le roi *Sesouch* (*Sésac* de la Bible) traîne aux pieds de ses dieux des personnages qui portent sur la poitrine les noms des peuples et des pays dont ils sont les personnifications. Champollion a lu sur la poitrine de l'un d'eux un mot signifiant *roi de Juda*, — allusion évidente à la prise de Jérusalem et à la captivité de Roboam. — On a transporté à Paris une petite chambre connue sous le nom de *chambre de Carnac*, dont les murs sont chargés des noms d'une suite de rois antérieurs à la dix-huitième dynastie.

A Memphis, à Héliopolis, à Saïs, se trouvent un grand nombre de ruines qui attestent l'antique magnificence des palais et des temples dont elles sont les débris ; mais les monuments paraissent avoir été dans la Thébaïde plus nombreux que dans les autres parties de l'Égypte, sans doute parce que cette contrée, par sa situation, a eu moins à souffrir des ravages des Hycsos, qui ont renversé systématiquement les édifices qu'avaient élevés les anciens pharaons. Plusieurs des colosses, tels que la statue de Memnon [1] (portrait d'Améno-

---

de Carnac, car mes expressions ne vaudraient que la millième partie de ce qu'on doit dire en parlant de tels objets... Les Égyptiens concevaient en hommes de cent pieds de haut. » — « Le spectacle que j'ai devant les yeux, dit M. Ampère (*Voyage et recherches en Europe et en Nubie*. — *Revue des deux Mondes*), surpasse tout ce que j'ai vu sur la terre... Imaginez une forêt de tours ; représentez-vous 134 colonnes égales en grosseur à la colonne de la place Vendôme, dont les plus hautes ont 70 pieds de hauteur (c'est presque la hauteur de notre obélisque) et 11 pieds de diamètre, couvertes de bas-reliefs et d'hiéroglyphes. Cette impérissable architecture est restée exactement ce qu'elle était il y a trois mille ans, à l'époque florissante de Ramsès. »

1. C'est cette statue de Memnon qui, au rapport des anciens, rendait des so

phis III), qui représentait le pharaon assis, les mains étendues sur les genoux, et le colosse du Ramesseum (Ramsès III),
le plus grand qu'ait taillé la main des hommes, car son pied
seul a quatre mètres de long, furent élevées à la gloire des
pharaons libérateurs, de ceux qui avaient expulsé les *impurs*.

Le labyrinthe. — Le labyrinthe était célèbre dans l'antiquité. Hérodote, qui l'avait visité, trouve qu'il surpassait tout
ce que la Grèce avait fait de plus grand. C'est aussi l'impression
du géographe Strabon, qui nous en a laissé une description.
Chacun de ses côtés avait une longueur d'environ 216 mètres.
Le nombre des palais qui le composaient, — dédale inextri-
cable de salles et de galeries, — égalait celui des nomes, provinces d'Égypte, parce que les députés avaient l'habitude de
s'y réunir. On y comptait trois mille chambres, dont la moitié était souterraine et consacrée, dirent les prêtres à Hérodote, à la sépulture des pharaons et des crocodiles sacrés.—On
a retrouvé les ruines du labyrinthe. Il avait été construit par
des princes de la douzième dynastie, antérieurement aux
invasions des pasteurs.

Statuaire, peinture. — Tous ces monuments, les plus considérables qui aient été élevés chez aucun peuple, montrent
combien l'architecture était avancée chez les Égyptiens. Nous
avons dit avec quelle délicatesse et quelle perfection les artistes gravaient dans la pierre les inscriptions et les signes
hiéroglyphiques. La peinture était moins avancée; on s'atta-
chait à produire, par l'opposition des couleurs les plus écla-
tantes, des contrastes et des effets saisissants : les nuances intermédiaires n'existaient pas. La statuaire offre de grandes
qualités. Dans tout ce qui exprime la force, la puissance, la
majesté sereine du repos, les Égyptiens ont excellé. Les plus
anciennes statues des Grecs ressemblent, à certains égards,
aux leurs; les formes y sont trapues, nerveuses et d'une ex-
trême roideur; mais le génie expansif de la Grèce a mis dans

au lever du soleil, lorsqu'elle était atteinte par les premiers rayons de cet astre.
Ces sons étaient produits peut-être par une sorte de vibration qu'occasionnait l'éva-
poration de la rosée abondante de la nuit, sous l'action du soleil. Le colosse fut
renversé à l'époque de la conquête de Cambyse. Il fut restauré par Septime-Sévère,
et on le voit encore debout dans la plaine qui domine Thèbes.

la pierre la vie, le mouvement, l'élan, — toutes les passions de l'âme humaine dont la sévère et immobile Égypte semble avoir dédaigné l'expression.

Le lac Mœris, lac du Fayoum. — Disons un mot, avant de quitter ce sujet, du lac Mœris, qui doit être rangé parmi les ouvrages les plus étonnants de l'Égypte. Au moyen d'un canal, ce lac, d'une étendue d'environ 960 kilomètres carrés, se remplissait lors de la crue des eaux et s'élevait au niveau du plus haut débordement. Quand le Nil décroissait, les eaux y étaient retenues par des digues et des écluses. En cas d'insuffisance de la crue, on les laissait s'écouler dans la vallée, qu'elles préservaient par là de la sécheresse, et de la famine qui en eût été la conséquence. On voyait s'élever du milieu du lac deux grandes pyramides surmontées d'un colosse assis, ce qui fit supposer à Hérodote qu'il avait été creusé par la main des hommes. Cet ouvrage, destiné à régler la crue, à pourvoir à son insuffisance ou à remédier à son excès, assurait la fertilité de l'Égypte. S'il n'avait pu être exécuté qu'au prix de longs et pénibles efforts, au moins il rendait des services proportionnés aux sacrifices qu'il avait nécessités.

§ II. **Civilisation de l'Égypte**. — Les Égyptiens étaient, aux yeux des anciens, celui de tous les peuples qui avait les lois les meilleures, les institutions les mieux établies ; aussi voyons-nous les législateurs de la Grèce, les philosophes et les historiens aller étudier la sagesse sur cette terre, première patrie de la civilisation.

Religion. — Les monuments de l'Égypte et les arts qui se sont employés à les décorer retracent les croyances religieuses des Égyptiens et rappellent constamment l'idée de la mort. Il semble en effet que l'activité de ce peuple se soit exercée principalement sur tout ce qui se rapporte au passage dans une autre vie. Ses plus grandes constructions, les pyramides, sont des tombeaux. D'immenses villes souterraines, des *nécropoles*, étaient consacrées à la sépulture des riches. Toutes les figures de statues, par leurs formes dont la roideur approche de la rigidité, éveillent le souvenir de la mort.

La mort, l'immortalité de l'âme, son histoire après cette vie, le tableau des épreuves qu'elle doit subir, du jugement qui sera prononcé sur elle par les dieux au jour de la *pesée des âmes*, les transformations qui l'attendent dans le voyage d'au moins trois mille ans qu'elle fera à travers les mondes, voilà en effet l'objet des constantes préoccupations des Égyptiens, préoccupations dont on trouve les traces sur tous leurs monuments funéraires.

Il y avait en Égypte deux religions: l'une à l'usage de la caste sacerdotale, qui faisait mystère des vérités éternelles, comme de la croyance en un *Dieu unique*, *immuable*, *éternel*; l'autre, à l'usage du peuple, pleine de pratiques et de superstitions grossières. Les prêtres adoraient *Ammon-Ra*, l'*Être suprême*, le *grand Être*, représenté sur la terre par la triade *Osiris* (le soleil), *Isis* (la lune), *Horus* (leur fils). Parmi les principales divinités de ce culte on trouve encore *Kneph*, le génie du bien; *Neith*, la déesse des sciences et des arts; *Hermès*, le dieu de l'invention (la Minerve et le Mercure des Grecs); *Typhon*, le principe et le génie du mal, etc. Le nombre *trois* était sacré chez les Égyptiens : le temple se divisait en trois parties; les divinités sont toujours adorées par *triades*; elles ne se présentent jamais isolément. Chaque nome ou province avait sa triade; chacune des bourgades qui s'était formée autour du temple était placée sous l'invocation des divinités du nome; de sorte que l'Égypte, territorialement, se trouvait partagée entre un nombre infini de dieux, ayant chacun une localité et une attribution spéciales. Le dogme était enseigné dans les colléges sacerdotaux de Thèbes, de Memphis et d'Héliopolis. — Quant à la religion populaire, elle faisait des animaux, des chiens, des chats, des ibis, des crocodiles, et même de certains légumes, l'objet d'un culte aussi stupide que fervent. Le peuple, maintenu dans une entière ignorance, abruti par les travaux manuels et par son état d'asservissement, ne s'élevait point à l'intelligence des lois qu'on lui cachait; il se prosternait devant les objets qu'on lui faisait adorer, sans comprendre qu'ils symbolisaient les forces bienfaisantes de la nature.

Bœuf Apis. — La grande fête nationale était celle du bœuf Apis. Quand le hasard faisait rencontrer un veau noir marqué de taches blanches en forme de lune et d'étoiles sur le ventre et sur le côté, c'était une réjouissance publique, car on ne doutait pas qu'*Apis* (c'est-à-dire le *Dieu manifesté*) ne fût Osiris lui-même qui venait visiter l'Égypte. Servi par les prêtres de Memphis, l'animal sacré avait pour demeure un temple magnifique. Sa mort était suivie d'un deuil général. Cette apparition d'Osiris sous la forme du bœuf Apis, qu'on appelait *théopsie* ou *vision de Dieu*, n'eut lieu qu'à des intervalles éloignés.

Jugement des pharaons. — L'usage d'embaumer les morts se rattache à la croyance dans le jugement des âmes après cette vie. Le peuple avait une représentation anticipée de ce jugement à la mort de chaque pharaon. Les temples étaient fermés pendant soixante-douze jours. Après ce délai, la *momie* du roi, son cadavre embaumé et entouré de bandelettes, était exposée devant le peuple à l'entrée de son tombeau. Le prêtre prononçait l'éloge du défunt; s'il était accueilli et ratifié par des applaudissements, le corps recevait les honneurs de la sépulture; il en était privé par un jugement lorsque la haine du peuple s'était manifestée contre la mémoire du pharaon.

Division de la nation en classes ou castes. — On distinguait dans la société égyptienne plusieurs classes : la première, celle des prêtres; la deuxième, celle des guerriers; la troisième, celle du peuple, divisée en corporations. Au-dessus de toutes les classes était la royauté. La royauté participait jusqu'à un certain point à la divinité. Sur les monuments, le pharaon, sans l'intermédiaire du prêtre, offre l'encens et les pains sacrés : roi et Dieu semblent traiter d'égal à égal. La plus puissante des classes était la classe sacerdotale. Investie des principales fonctions, elle possédait une grande partie des terres de l'Égypte. C'est à elle que l'Égypte est redevable de ses sciences, que les prêtres se gardaient bien, du reste, de communiquer, s'en faisant une force et une supériorité. Venait ensuite la classe des guerriers, très-considérable et très-riche, car elle avait le tiers du sol, la plus grande partie du Delta. Aussi, lorsque Psammiti-chus, ayant pris à sa solde des mercenaires, les établit dans la Basse-Égypte, froissa-t-il profondément les guerriers indigènes, qui se regardèrent comme humiliés et spoliés. — La classe populaire renfermait plusieurs catégories : les pasteurs, les agriculteurs, les artisans, etc. Il ne paraît pas que, dans ces classes ou castes, chacun ait été irrévocablement voué à la fonction qui avait été exercée par son père, sans pouvoir s'allier à une famille d'une autre classe, comme cela a lieu chez certains peuples ; mais, en général, on succédait à son père ; les professions se transmettaient dans les familles. La force d'une organisation sociale qui partage une nation en catégories distinctes est l'immobilité : les classes inférieures sont maintenues dans la dépendance oppressive des classes supérieures ; pour elles nul changement, nulle amélioration de condition. Sans doute l'Égypte lui a été redevable de la stabilité de ses institutions politiques, de l'espèce de perfection où elle a porté certains arts manuels : c'est la forte discipline qui existait dans les rangs inférieurs de la société qui a permis aux pharaons d'exécuter les monuments dont nous admirons les proportions gigantesques ; mais il est juste de faire observer que ces constructions colossales sont moins le témoignage de la grandeur de l'Égypte que de la servitude et de l'oppression des peuples.

Sur les monuments il n'est jamais fait mention que des prêtres, des juges, des préposés à l'architecture, des chefs des provinces et des districts ; eux seuls jouissent d'un honneur qui était refusé au laboureur, à l'agriculteur, au médecin[1] même, bien que les historiens nous représentent la médecine comme honorée en ce pays. Les premières de ces professions étaient donc les seules relevées aux yeux des Égyptiens.

État des sciences chez les Égyptiens. — Prospérité de l'agriculture et du commerce. — Les sciences avaient chez eux un but avant tout pratique. La géométrie servait à mesu-

---

1. Le médecin ne se livrait pas, comme chez nous, à l'étude de toutes les maladies du corps humain ; il se spécialisait, soit pour une classe de maladies, soit pour un organe bornant ses soins aux affections qui atteignent cet organe.

rer les propriétés territoriales, dont l'inondation du Nil faisait disparaître chaque année les limites. L'astronomie annonçait la crue du fleuve. Il est vrai que les prêtres firent des découvertes extrêmement importantes dans cette science, la plus haute de toutes. La division de l'année en jours, en mois, le calendrier civil, l'institution du zodiaque, la division du ciel en constellations, etc., sont leur ouvrage. Ils connaissaient les mouvements apparents et les mouvements réels des planètes, et faisaient servir ces connaissances aux usages usuels, recherchant en toutes choses l'utilité pratique. Nous avons vu par quels moyens ils mettaient l'Égypte à l'abri de la famine. Le pays était sillonné de canaux. Un système savant d'irrigations, des encouragements de toutes sortes, les soins les plus éclairés favorisaient l'agriculture. L'art de tisser et de teindre les étoffes, celui de travailler les métaux, l'industrie de la fabrication de la porcelaine et du verre, de la préparation de l'émail et du mastic pour les mosaïques, furent portés par eux presque à la perfection. A ce génie de l'invention ils joignirent celui du commerce. Ils profitèrent de la situation privilégiée de leur pays, situé entre trois continents, pour transporter partout leurs produits et se faire les intermédiaires des nations. Les bois précieux, les diamants, les étoffes de l'Inde et de Taprobane (Ceylan) arrivaient dans la mer Rouge, d'où on les transportait sur le Nil, et, des embouchures du fleuve, dans toutes les contrées de l'Occident. Indépendamment des produits de son industrie, l'Égypte tirait des ressources considérables des richesses de son sol : du blé, qu'elle produisait en abondance; du lin, du byssus (espèce de coton); du papyrus, dont l'écorce servait aux usages que nous donnons au papier. Grâce à l'activité et à l'intelligence de ses habitants, à la fertilité de son sol, à l'administration éclairée de ses rois, l'Égypte allait devenir ce qu'elle restera pendant des siècles, le pays le plus commerçant du monde.

NOTES SUR L'ÉTAT ACTUEL DE L'ÉGYPTE,

Nous empruntons à la relation d'un membre de la Commission d'Égypte, M. de Rozière, une description de l'aspect de l'Égypte qu'on lira avec intérêt :

« Les environs de Syène et de la Cataracte, dit le savant observateur, présentent un aspect éminemment pittoresque ; mais le reste de l'Égypte, le Delta surtout, est d'une monotonie dont on se fait difficilement l'idée, et qu'il serait peut-être impossible de rencontrer ailleurs. Les champs du Delta offrent trois tableaux différents, souvent les trois saisons de l'année égyptienne. Dès le milieu du printemps, les récoltes, déjà enlevées, ne laissent voir qu'une terre grise et poudreuse, si profondément crevassée qu'on oserait à peine la parcourir.

« A l'équinoxe d'automne, c'est une immense nappe d'eau rouge ou saumâtre, du sein de laquelle sortent des palmiers, des villages et des digues étroites qui servent de communication ; après la retraite des eaux, qui se soutiennent peu de temps dans cet état d'élévation, et jusqu'à la fin de la saison, on n'aperçoit plus qu'un sol noir et fangeux.

« C'est pendant l'hiver que la nature déploie toute sa magnificence. Alors la fraîcheur, la force de la végétation nouvelle, l'abondance des productions qui couvrent la terre, surpassent tout ce qu'on admire dans nos pays les plus vantés. Durant cette heureuse saison, l'Égypte n'est, d'un bout à l'autre, qu'une magnifique prairie, un champ de fleurs ou un océan d'épis ; fertilité qui relève le contraste de l'aridité absolue qui l'environne : cette terre si déchue justifie encore les louanges que lui ont données jadis les voyageurs. Mais, malgré toute la richesse du spectacle, la monotonie du site, il faut l'avouer, en diminue beaucoup le charme ; l'âme éprouve un certain vide par le défaut de sensations renouvelées, et l'œil, d'abord ravi, s'égare bientôt avec indifférence sur des plaines sans fin qui, de tous côtés, jusqu'à perte de vue, présentent toujours les mêmes objets, les mêmes nuances, les mêmes accidents.

« Tout concourt à augmenter cet effet. Le ciel, non moins uniforme que la terre, n'offre qu'une voûte constamment pure, durant le jour plutôt blanche qu'azurée ; l'atmosphère est pleine d'une lumière que l'œil a peine à supporter, et un soleil étincelant, dont rien ne tempère l'ardeur, embrase, tout le long du jour, cette immense plaine presque découverte ; car c'est un trait du site de l'Égypte d'être dénué d'ombrages, sans être pourtant dénué d'arbres.

« Telle qu'elle est, l'Égypte plaît encore aux étrangers et enchante ses habitants. Elle possède, en effet, ce que les hommes prisent le plus dans leur pays : un sol fertile et un beau ciel. Sous ce climat heureux, où l'eau n'est jamais glacée, où la neige est un objet inconnu, où les arbres ne quittent leurs feuilles que pour en produire de nouvelles, la végétation n'est jamais suspendue ; et le laboureur, comblé dans ses vœux, ne compterait qu'une saison constamment productive, si les circonstances du débordement du Nil ne limitaient la culture à une partie de l'année. Aussi, quand les travaux des hommes suppléent aux inondations, la terre peut donner jusqu'à deux ou trois récoltes dans un an.

« Le Saïd (Moyenne-Égypte) étale une culture plus riche encore que la Basse-Égypte. Ce sont bien aussi ses immenses moissons dorées de blé, d'orge, de maïs, ses champs de fèves fleuris à perte de vue, les plaines verdoyantes de trèfles, de lupin ; on y voit de même les champs de lin et de sésame, qui fournissent l'huile du pays ; le henni, dont les femmes se teignent les ongles en rouge, de temps immémorial ; son indigo, son coton herbacé, ses pieds de tabac et ses pastèques rampantes, qui couvrent de leurs globes verts les plaines sablonneuses.

« Le Fayoum (Delta) a ses champs de roses, qui donnent l'essence la plus suave. Ici, les lotus, révérés des anciens, qu'on ne trouve plus dans le Saïd, laissent épanouir à la surface des eaux, pendant l'inondation, ces brillantes fleurs roses, blanches ou d'un bleu céleste, si communes aussi dans les canaux et les terrains inondés de la Basse-Égypte.

« La Thébaïde, riche surtout en monuments et en souvenirs anciens, semble vraiment un pays enchanté : c'est l'impression qu'elle produit presque sur les esprits les moins cultivés. Vingt cités et beaucoup de lieux inhabités offrent au voyageur toujours surpris ces grands édifices antiques, chefs-d'œuvre de l'architecture, non-seulement par leur masse imposante, leur caractère grave et religieux, mais par leur belle et simple ordonnance, par l'élégante et sage disposition des sculptures emblématiques qui les décorent et par la richesse inconcevable de leurs ornements, qui ne sont jamais insignifiants. Thèbes, célébrée par Homère, de son temps la première ville du monde, après vingt-quatre siècles de dévastation en est encore la plus étonnante ! »

CHAPITRE VII

ASSYRIENS. — NINIVE ET BABYLONE. — PREMIER EMPIRE D'ASSYRIE. NINUS. — SÉMIRAMIS. — SARDANAPALE. — DÉMEMBREMENT DE CET EMPIRE.

SOMMAIRE

Situation géographique de la Chaldée ou Babylonie et de l'Assyrie. — Fondation de Babylone ou Babel, par Nemrod, le Chamite. — De Ninive, par Assur, le Sémite. — Les Assyriens conservent les habitudes guerrières que perdent les Babyloniens, énervés de bonne heure par une civilisation avancée.

§ I. PREMIER EMPIRE D'ASSYRIE, 2500 à 625 av. J.-C. — *Ninus* réunit la Babylonie à l'Assyrie. Il doit être considéré comme le fondateur du premier empire d'Assyrie.

§ II. NINUS ET NINIVE. — *Ninus*, fils de Bel, poursuit les conquêtes commencées par son père. Il s'empare de la Susiane, de la Perse, de l'Hyrcanie et de la Bactriane. Sémiramis révèle, au siége de Bactres, son caractère énergique et son courage. — Ninus l'épouse. — Sous son règne, grandeur et importance de Ninive.

§ III. SÉMIRAMIS ET BABYLONE. — *Sémiramis* entreprend de faire de Babylone une ville supérieure en magnificence à Ninive. Murailles, quais, ponts, jardins suspendus, palais de Babylone. Temple de Bélus (Bel ou Baal).

Conquêtes de Sémiramis. — Conquête de l'Arabie et de l'Éthiopie. Son armée est défaite dans les Indes. — Retraite de Sémiramis. — Sa mort. — Elle était adorée par les Assyriens sous la forme d'une colombe.

Ninyas, son fils, lui succède. — Insignifiance de ce règne. — Obscurité des successeurs de ce prince. — Affaiblissement de l'Assyrie.

Prophétie de Jonas. — Repentir des Ninivites qui désarme la colère du Seigneur.

§ IV. SARDANAPALE. — La faiblesse du gouvernement et de l'autorité royale encourage *Arbacès*, satrape de Médie, et *Bélésis*, gouverneur de Babylonie, à s'unir contre Sardanapale. — Prise de Ninive, 759. — Mort de Sardanapale.

§ V. Démembrement de l'empire. — La Médie et la Babylonie se séparent de l'Assyrie, qui se relèvera des revers qu'elle vient d'essuyer, mais qui trouvera dans la Médie, son ancienne possession,
une adversaire redoutable, dont l'inimitié causera plus tard sa ruine.

Les pays voisins de l'Euphrate virent s'élever dans les temps
les plus reculés de l'histoire du monde un empire puissant
connu sous le nom d'empire d'Assyrie. Cet empire s'est formé
de la réunion de l'Assyrie et de la Babylonie ou Chaldée.

La *Chaldée* est une vaste plaine qui correspond à la province de la Turquie d'Asie appelée aujourd'hui Irak-Arabie.
Elle était bornée au nord, à l'endroit où le Tigre et l'Euphrate se rapprochent l'un de l'autre, par le mur que Sémiramis éleva depuis pour mettre le pays à l'abri des invasions ; elle s'étendait au sud jusqu'à la commune embouchure
des deux fleuves dans le golfe de la mer Erythrée (golfe
Persique), embrassant à l'O. la Chaldée propre, à l'E. la Mi-
sène avec la Characène au S.-E. Cette plaine, qui s'abaisse du
côté du Tigre, a été coupée dans l'antiquité par une multitude
de canaux, les uns unissant les deux fleuves, les autres conduisant directement les eaux de l'Euphrate à la mer, tels que
le canal Pallacopas au S. ; tous se joignant aux lacs naturels
et artificiels pour répandre la vie et la fertilité dans une contrée par elle-même ou aride ou marécageuse. — L'*Assyrie*
n'était pas originairement le pays auquel plus tard on a
donné ce nom, situé entre l'Arménie et la Médie (aujourd'hui
le Kurdistan). Au temps du fondateur de Ninive, l'Assyrie
s'étendait entre le Tigre et l'Euphrate dans les plaines de la
Mésopotamie inférieure et avait pour limite au S.-E. la Babylonie. Dans la suite, l'empire s'accrut des régions montagneuses placées à l'E. du Tigre.

Tout ce que nous savons sur les fondateurs de Ninive et de
Nemrod se borne à ce que nous raconte la Bible.

On lit dans la Genèse : « Les fils de Sem furent Hélam et
Assur. Les fils de Cham furent Chus, Mizraïm, Phuth et Chanaan. Et Chus engendra Nemrod ; Babel fut la capitale de son
royaume. Assur sortit de cette terre (la terre de Sennaar,

entre le Tigre et l'Euphrate) et il bâtit Ninive. » Il ressort de ce récit qu'*Assur, fils de Sem*, ayant été chassé de la terre de Sennaar, s'empara du pays situé au N. de la Babylonie et y fonda la ville de Ninive. A cette époque, le conquérant qui avait envahi le pays d'Assur, *Nemrod le Chamite*, le *fort chasseur devant Dieu*, fondait un empire dont Babel ou Babylone fut la capitale. On place ces deux événements vers l'an 2500 avant notre ère, mais la chronologie de l'histoire des Assyriens ne présente de certitude que beaucoup plus tard, après Sardanapale.

Dans les riches contrées de la Chaldée, les villes se multiplièrent, la civilisation fit de brillants et rapides progrès, mais en même temps les populations perdirent l'habitude des armes. Aussi eurent-elles fréquemment à souffrir des attaques des peuples nomades et des nations guerrières qu'attiraient les richesses des grandes cités et l'espérance d'une conquête facile. Sous un des successeurs de Nemrod des chefs arabes s'en emparèrent et s'y établirent ; mais les nouveaux conquérants subirent eux-mêmes l'énervante influence du climat et d'une civilisation avancée ; ils ne purent résister à Ninus, qui à la tête des tribus guerrières de l'Assyrie s'empara de la Babylonie.

§ I. **Premier empire d'Assyrie.**

§ II. **Ninus et Ninive.** — Ninus, fils de Bel ou Baal, sous lequel avait commencé la grandeur de l'Assyrie, marcha sur les traces de son père et étendit les frontières de l'empire, d'une part jusqu'à l'Arménie, de l'autre jusqu'à la Médie. En dix-sept ans, la Susiane (Koristan), la Perse, l'Hyrcanie (dans la suite pays des Parthes) furent subjuguées. Au retour de ses conquêtes Ninus embellit Ninive à ce point qu'il en fit une ville nouvelle et qu'il en est considéré comme le véritable fondateur. La ligne d'enceinte formée par les murs de cette cité avait 480 stades (89 kilomètres). Les murs étaient hauts de 33 mètres et assez larges pour que trois chars pussent y passer de front. Le nombre total des tours était de 1,500 ; elles avaient chacune 66 mètres d'élévation. C'est la plus grande ville qui ait été construite. Après avoir donné à ses

États une capitale en rapport avec la puissance de l'Assyrie, il reprit le cours de ses conquêtes. Il entra dans la Bactriane (Turkistan) et ne rencontra de résistance sérieuse que de la part des habitants de Bactres. La place paraissait inexpugnable, lorsque la femme d'un chef de l'armée de Ninus, suivie de quelques soldats, pénétra dans la citadelle par un sentier qui n'avait pas été gardé. Au signal qu'elle donne, les assiégeants gravissent les rochers que dominait la citadelle, et la ville tombe en leur pouvoir.

Ninus épouse Sémiramis. — Ninus, plein d'admiration pour la résolution et le courage de cette femme héroïque, l'épousa, et, à sa mort, lui laissa le gouvernement de ses États. Il avait eu de Sémiramis un fils, Ninyas, que nous verrons lui succéder.

§ III. **Sémiramis et Babylone.** — Sémiramis est la femme la plus célèbre de l'antiquité. Les écrivains qui ont raconté sa vie, interprètes des traditions populaires, ont mêlé beaucoup de fables au récit de ses grandes actions. Nous laisserons de côté les circonstances merveilleuses de cette histoire, et nous ne nous attacherons qu'à présenter les faits qui ont un certain caractère de certitude.

Lorsqu'elle eut été reconnue reine de l'Assyrie et de la Babylonie, et qu'elle eut élevé sur la tombe de Ninus, comme monument de son deuil, une terrasse immense qui se voyait encore du temps de Ctésias, Sémiramis, dont le génie était porté vers les entreprises hardies, résolut de faire de Babylone une ville au moins égale à Ninive par la grandeur et la magnificence de ses édifices. Hérodote et Diodore de Sicile nous ont laissé de cette cité une brillante description, mais il est probable qu'une partie des ouvrages attribués à cette reine fut l'œuvre de ses successeurs. D'après ces historiens, le mur d'enceinte, construit avec des briques cuites et enduites d'asphalte, avait une étendue de 365 stades [1]. Sa largeur était suffisante pour donner passage à un char attelé de quatre chevaux. A ses pieds on avait creusé un fossé pro-

---

1. La longeur du stade était d'environ 200 mètres.

fond, très-large et rempli d'eau. De chaque côté de l'Euphrate, qui partage la ville en deux parties, Sémiramis éleva des quais presque aussi larges que les murailles et qui s'ouvraient sur l'Euphrate par cent portes d'airain. Un pont de 5 stades (ou 1 kilomètre) de longueur et de 10 mètres de largeur joignait les deux rives du fleuve. Pour pénétrer dans la citadelle il fallait traverser trois enceintes formidables et fortifiées comme la première que nous avons décrite. C'est là qu'un des successeurs de Sémiramis fit construire ces jardins suspendus célèbres dans l'antiquité. Des terrasses ou plates-formes superposées portaient une masse de terre suffisante pour recevoir les racines des plus grands arbres. Une colonne creuse contenait des machines hydrauliques au moyen desquelles on faisait monter l'eau de l'Euphrate, et on entretenait dans ces jardins suspendus une fraîcheur et des ombrages perpétuels. On attribue à Sémiramis la construction du temple élevé en l'honneur du grand dieu assyrien, du dieu *Bel*, au milieu de la ville. Il était surtout remarquable par une tour formée de huit tours placées les unes sur les autres, dont la plate-forme, d'une élévation prodigieuse, était le lieu où les prêtres chaldéens faisaient leurs observations astronomiques sur le lever et le coucher des astres. Les palais de Sémiramis répondaient par leur magnificence à la grandeur de la souveraine; placés sur les deux rives de l'Euphrate, ils avaient été mis en communication au moyen d'une galerie souterraine construite sous le fleuve.

Conquêtes de Sémiramis. — Tout en présidant à ces travaux qui devaient faire de Babylone la plus belle ville du monde, la reine d'Assyrie cherchait dans des entreprises d'un autre genre à satisfaire cet amour de la gloire militaire qui avait été la cause de son élévation. Après avoir soumis l'Arabie et l'Éthiopie, elle entreprit, à la tête de la plus nombreuse armée qu'on eût encore vue, la conquête de l'Inde. Parvenue au delà de l'Indus, elle livra au roi Stabrobate un combat qui se termina par la défaite et la retraite précipitée des Assyriens. Les dernières années de ce règne ne furent pas aussi heureuses que celles qui les avaient précédées. On dit

que Ninyas conspira contre sa mère pour lui enlever le trône.
Selon d'autres, elle quitta volontairement le pouvoir et mourut dans une forteresse où elle s'était retirée, après un règne
de 42 ans. — Les Assyriens lui rendirent un culte comme à
une divinité et l'adorèrent sous la forme d'une colombe.

Ninyas lui succéda. Les écrivains de l'antiquité ne disent
rien des actions de ce roi et de ses successeurs. Peut-être
ce silence prouve-t-il la tranquillité heureuse dont ils ont
fait jouir leurs sujets; mais il est plus probable qu'aucun
des princes qui régnèrent après Sémiramis n'a mérité par
son génie d'arrêter l'attention des historiens et de vivre dans
la mémoire des peuples.

C'est dans la période qui s'étend entre le règne de Ninyas et
celui de Sardanapale qu'il faut placer les conquêtes de Sésostris. L'Assyrie, déchue du rang qu'elle avait occupé, fut
obligée de payer tribut aux Égyptiens. Plusieurs des peuples
qui lui étaient soumis profitèrent de cet affaiblissement pour
se rendre indépendants.

Sous le règne de *Dercylus*, un de ces pâles successeurs de
Sémiramis, Ninive vit arriver dans son sein un homme de
la Judée, au langage inspiré et prophétique, dont les paroles
jetaient l'effroi dans l'esprit de ceux qui l'écoutaient et faisaient naître souvent un repentir tardif et stérile. Cette fois
le repentir fut si prompt qu'il désarma la colère du Seigneur.
Jonas avait annoncé aux Ninivites, plongés dans les plaisirs
et la débauche, que la ville, en punition des crimes des habitants, allait être détruite. La colère divine devait se mani-
fester quarante jours après la déclaration du prophète. Aussitôt le roi, frappé de terreur, quitte les ornements du rang
suprème, se couvre d'un sac, s'assied sur la cendre et ordonne
un jeûne général, non-seulement pour les hommes, mais
aussi pour les animaux. Dieu fut désarmé par cette péni-
tence si prompte, si générale; il suspendit l'exécution de
l'anathème prononcé contre les Ninivites, — touché de pitié,
comme il le dit au prophète Nathan, « envers une ville où
il y a plus de cent vingt mille personnes qui ne savent pas
distinguer entre le bien et le mal. »

§ IV. Sardanapale. — Le dernier des rois du premier empire d'Assyrie fut *Sardanapale* (nommé par d'autres *Empacmès*). Il passait sa vie au fond de ses palais, à l'exemple de ses prédécesseurs, ne donnant aucun soin à l'administration de son empire, confiée à des satrapes ou gouverneurs. Deux de ceux-ci, *Arbacès*, satrape de Médie, et *Bélésis*, gouverneur de Babylonie, se réunirent pour renverser Sardanapale. Après une défaite, le roi se retira dans sa capitale, qu'il voulait défendre. Dans le même temps il était abandonné de la plupart de ses peuples impatients de recouvrer leur indépendance, et une inondation du fleuve renversant une partie du mur de la ville ouvrait aux assiégeants un passage par lequel ils pénétraient dans la ville, dont ils se rendirent maîtres. Sardanapale se donna la mort [1]. Les vainqueurs revêtirent Arbacès du manteau royal et le proclamèrent roi, 759.

§ V. Démembrement de l'empire. — Bien que ce prince ait fait transporter dans d'autres pays un grand nombre des habitants de Ninive, et que peut-être il ait rasé une partie des murs de cette ville, le royaume d'Assyrie resta un État considérable, et nous voyons Ninive conserver son rang parmi les villes les plus fortes et les plus florissantes jusqu'à l'époque, éloignée de plus d'un siècle, où elle tombera sous les coups d'une nouvelle coalition de ses ennemis. Mais si l'empire d'Assyrie se releva après Sardanapale, il fit, au moment de la chute de ce prince, des pertes irréparables. La Médie et la Babylonie se rendirent indépendantes. Non-seulement en perdant ces riches contrées l'empire s'est affaibli, mais il est sorti de son démembrement un État puissant, la Médie, dont l'inimitié doit un jour consommer sa ruine.

---

1. *Diodore de Sicile* raconte que Sardanapale, apprenant que l'Euphrate avait ouvert une brèche dans la muraille, fit dresser dans son palais, pour ne pas tomber aux mains de l'ennemi, un immense bûcher sur lequel il monta avec ses femmes et ses eunuques, après avoir ordonné d'y mettre le feu. — Ninive aurait été détruite de fond en comble. On verra plus loin qu'il ne faut pas prendre ce récit à la lettre.

CHAPITRE VIII

DEUXIÈME EMPIRE D'ASSYRIE. SES RAPPORTS AVEC LES PEUPLES
VOISINS. — FIN DU ROYAUME D'ISRAEL.

SOMMAIRE

§ I. DEUXIÈME EMPIRE D'ASSYRIE : SES RAPPORTS AVEC LES PEUPLES VOI-
SINS. — *Teglat*[1] *Phalasar*, 742 à 724, appelé par Achaz, roi de Juda,
contre le roi de Damas, s'empare de Damas et impose à Achaz un
tribut.

Salmanazar, 724 à 712, soumet le royaume d'Israël à un tribut. —
Situation difficile des Israélites, menacés tantôt par les Égyptiens,
tantôt par les Assyriens. Leurs fautes politiques.

§ II. FIN DU ROYAUME D'ISRAEL, 718. — Osée, roi d'Israël, pour échapper au tribut, s'allie au roi d'Égypte, qui le laisse succomber dans
la lutte inégale qu'il a engagée avec l'Assyrie. — *Destruction de
Samarie*. — Un grand nombre d'Israélites sont transportés dans
l'empire d'Assyrie, entre autres la famille de Tobie.
Succès de Salmanazar contre Tyr.

Sennachérib, 712 à 680; — sa cruauté à l'égard des Israélites captifs
dans ses États. — Le roi de Juda lui fournit imprudemment une
occasion de lui faire la guerre, en s'unissant au roi d'Égypte et en
refusant le tribut. Sennachérib assiége Jérusalem; son armée est
détruite. Il est assassiné à son retour à Ninive.

Assar-Haddon, 680 à 667. — Ce prince s'empare de *Babylone, qui retombe sous la domination assyrienne*. — Il défait le roi de Juda Manassès. Courte captivité de ce prince. — Révolte dans le pays d'*Israël*. Elle est réprimée. Les anciens habitants sont remplacés par de
nouveaux colons venus d'Assyrie, qui relèvent les ruines de Samarie.

*Nabuchodonosor I*er, 667, engage avec les Mèdes une lutte qui se termi-
nera sous son successeur par la destruction de l'empire et de sa
capitale, Ninive. — Délivrance de Béthulie. Mort d'Holopherne. Revers essuyés par Nabuchodonosor.

Sous *Sarac*, Nabopolassar de Babylone et Cyaxare de Médie s'unissent

1. On écrit indifféremment *Teglat* ou *Taglat*.

contre Ninive. *Prise de Ninive*, 625. *Sa destruction.* — Babylone hérite de la puissance de l'Assyrie.

§ I. Deuxième Empire d'Assyrie. — Ses rapports avec les peuples voisins. — *Teglat-Phalasar*, deuxième successeur de Sardanapale, entreprit de relever la puissance du royaume d'Assyrie. La Chaldée et la Médie paraissaient assez fortes pour lui résister ; il tourna ses armes contre le petit royaume d'Israël, en proie à des divisions intérieures qui devaient favoriser ses entreprises. En 742, il s'empara de Galaad et du territoire de la tribu de Nephthali, dont les habitants furent emmenés captifs en Assyrie. Dans la suite, le roi de Juda, menacé par le roi de Damas, Rasni, et par le roi d'Israël, qui s'étaient ligués contre lui, réclama l'appui de Teglat-Phalasar. Celui-ci s'empara de Damas ; mais il fit payer chèrement à Achaz le service qu'il lui avait rendu, en exigeant un tribut dont le payement ruina les ressources du royaume.

Salmanazar, son fils, lui succéda, 742 à 712. Le nouveau roi, n'espérant rien tirer de Juda épuisé, attaque le royaume d'Israël, auquel il impose un lourd tribut. Rien de plus difficile que la situation des Israélites entre les grands empires d'Égypte et d'Assyrie ; menacés tantôt d'un côté, tantôt de l'autre, ils manquaient de forces suffisantes pour faire respecter l'indépendance de leur situation politique et de leur territoire, objet des convoitises de leurs puissants voisins. A ces causes de ruine il faut ajouter l'inconstante humeur de la nation et ses perpétuelles divisions.

§ II. Fin du Royaume d'Israël, 718. — Le roi Osée voulut s'affranchir du tribut qu'il payait à l'Assyrie. Trop faible pour combattre seul, il s'allia avec le roi d'Égypte. A cette nouvelle, Salmanazar entre en Palestine et va assiéger la capitale d'Osée, Samarie. Le siége dura trois années, pendant lesquelles les Égyptiens ne tentèrent aucune diversion favorable ; enfin, la ville tomba au pouvoir de Salmanazar ; elle fut détruite, 718. Osée, chargé de chaînes, fut emmené en captivité avec un grand nombre de ses sujets, auxquels on assigna une résidence sur les divers points de l'empire. Salmanazar connaissant le caractère des Israélites, voulait les mêler aux autres nations, afin que, dans cette fusion, ils perdissent tout sentiment de leur nationalité, tout attachement à leurs anciennes croyances. Il ne paraît pas que ce résultat ait été obtenu dans les premiers temps : au milieu des nations étrangères, beaucoup d'Israélites gardèrent fidèlement la foi de leurs pères. Parmi eux se distingua le jeune Tobie, dont la touchante histoire a été racontée dans l'Ancien Testament. Mais, peu à peu, les restes des dix tribus se fondirent avec l'ancienne population. Dans la suite, on n'en retrouva plus aucune trace. Un peuple nouveau, sorti de l'Assyrie, alla occuper le territoire abandonné d'Israël, et relever les ruines de Samarie.

Un autre succès avait signalé la dernière partie du règne de Salmanazar. Les habitants de Cittium, en l'île de Chypre, l'ayant appelé contre le roi de Tyr, il défit les Tyriens en plusieurs rencontres, et laissa en se retirant des postes militaires qui occupèrent pendant cinq ans une partie du territoire de la Phénicie.

Sennachérib, 712 à 680, traita les Israélites captifs dans ses États avec beaucoup plus de cruauté que ne l'avait fait son père. Tout sévice exercé sur eux restait impuni. Il était permis de les tuer ; il était défendu de leur donner la sépulture. Tobie, qui s'était acquitté de ce devoir envers un de ses frères, dut se cacher pour échapper au supplice. La conduite imprudente du roi de Juda fournit à Sennachérib l'occasion qu'il souhaitait de reprendre les projets de son père et de continuer la conquête de la Palestine, qui avait été commencée. Ézéchias venait de refuser le payement du tribut imposé par Salmanazar. Comme Osée, il s'était allié aux Égyptiens. Sennachérib, afin de prévenir l'intervention du pharaon, marche d'abord contre lui : il franchit l'isthme, pénètre dans le Delta, ravage ce pays pendant trois années, et rentre en Judée chargé d'un immense butin et suivi d'une multitude de captifs, 707 av. J.-C. Avec son armée victorieuse il met le siége devant Jérusalem. Les prières d'Ézéchias sauvèrent cette ville. Pendant la nuit, l'ange exterminateur, envoyé par le Seigneur, frappa cent quatre-vingt mille hommes[1]. Le roi d'Assyrie, saisi d'épouvante, se retira précipitamment avec les débris de son armée. A Ninive, une conspiration formée dans sa propre famille, attendait, pour éclater, son retour. Il est frappé au pied des autels de son dieu Nevroch par deux de ses fils, qui s'enfuient en Arménie.

Assar-Haddon, 680-667, le troisième des fils de Sennachérib, lui succéda sur le trône d'Assyrie.

Babylone retombe sous la domination des rois d'Assyrie, 680. — Ce prince mit à profit les divisions intestines qui affaiblissaient les Babyloniens pour envahir leur territoire et le réunir à l'Assyrie, 68 ans après l'ère de Nabonassar, marqué par l'avénement au trône de Nabonassar, fils de Bélésis, fondateur du second empire d'Assyrie. Il s'était écoulé, depuis Bélésis, 80 ans.

Captivité de Manassès. Colons assyriens envoyés sur le territoire d'Israël. — Cette importante conquête fut suivie de nouvelles entreprises contre Juda. Assar-Haddon entre en Judée, ne rencontre aucune résistance sérieuse et se rend maître du roi Manassès, qu'il emmène en captivité à Babylone. Un an après, nous voyons le roi de Juda recouvrer, avec la liberté, la possession de ses États. Mais une révolte de ceux des Israélites qui avaient été laissés sur le territoire de l'ancien royaume fut sévèrement punie. Assar-Haddon se rendit lui-même en Palestine, étouffa le soulèvement, fit transporter au delà de l'Euphrate les malheureux restes d'une population naguère riche et florissante, et les remplaça par des colons venus des diverses parties de son empire, tige du nouveau peuple samaritain.

Après lui, *Nabuchodonosor Ier*, 667, prince cruel et orgueilleux, engage avec les Mèdes cette lutte qui devait, sous son successeur, se terminer par la ruine de Ninive. Le roi Phraorte voit son territoire envahi, les Assyriens mettre le pays à feu et à sang, sans pouvoir s'y établir. Nabuchodonosor, fier de telles victoires, rêvait la conquête de l'Asie. Les

---

1. Sans doute au moyen de la peste.

livres saints racontent qu'il envoya son général Holopherne à la tête de cent vingt-six mille hommes de pied et de douze mille chevaux contre les peuples de l'Occident.

Holopherne jette partout la terreur. Rien ne résiste à cette armée formidable et à l'impitoyable chef qui la commande; la Syrie tout entière, les États de Tyr et de Sidon sont dévastés. Holopherne entre sur les possessions de Juda et vient mettre le siége devant Béthulie, ville forte occupée par des Israélites restés fidèles au culte du vrai Dieu. Les habitants semblaient réduits à toute extrémité, lorsqu'une jeune veuve nommée Judith conçut le projet de délivrer son pays, et l'exécuta avec une résolution que soutenaient un ardent patriotisme et la certitude d'accomplir les desseins de Dieu. Introduite dans la tente d'Holopherne, elle profite du sommeil de cet impie, appesanti par les fumées du vin, pour lui trancher la tête. Cette tête sanglante, rapportée dans la ville, rend la confiance aux habitants, qui font une sortie. Les Assyriens courent à la tente du général, qu'ils trouvent mort. Privés de leur chef, ils ne peuvent tenir tête aux Israélites et sont mis en fuite. Ce revers fut suivi de beaucoup d'autres. Nabuchodonosor vit, dans les dernières années de son règne, toutes ses conquêtes lui échapper par la révolte des peuples, qui détestaient un gouvernement tyrannique. Ninive, assiégée par Cyaxare, roi des Mèdes, faillit tomber au pouvoir de l'ennemi. Une invasion des Scythes, en appelant Cyaxare à la défense de ses États, la sauva.

Sarac, successeur de Nabuchodonosor, n'essaya pas de s'opposer à la marche des Scythes; il les laissa tranquillement ravager ses États. Tant de lâcheté poussa le satrape de Babylone, Nabopolassar, à prendre d'abord les armes afin de défendre les provinces contre les Barbares, et ensuite à se déclarer indépendant. Après le départ des Scythes il se ligua avec Cyaxare, fils de Phraorte, contre le roi d'Assyrie. Les Babyloniens et les Mèdes réunis marchèrent sur Ninive. Sarac n'avait fait aucun effort pour entraver leur marche; les Ninivites eux-mêmes ne sortirent pas de la ville, se confiant à la force et à la hauteur de leurs murailles. En effet la ville résista longtemps par la solidité seule de ses fortifications ; mais enfin, une brèche ayant été faite avec des machines de siége, les assiégeants pénétrèrent dans la première enceinte, forcèrent la seconde, puis les suivantes. Sarac mit le feu à son palais et périt dans les flammes [1], pendant que les vainqueurs saccageaient Ninive, qui fut ruinée de fond en comble, 625. Sa destruction entière s'était accomplie suivant les paroles du Prophète : « Ninive sera anéantie, et on demandera : Où est maintenant cette demeure des lions? »

La conséquence de la destruction de cette ville fameuse fut de faire passer à Babylone et à ses rois la domination sur l'Asie centrale. Avec Nabopolassar commence un autre empire assyrien, ou, pour mieux dire, babylonien.

---

1. On a raconté les circonstances de la prise de Ninive par Bélésis, en 750, et par Astyage, en 625, de la même manière. Dans ces deux cas, le roi d'Assyrie se serait brûlé dans son palais, et Ninive aurait été ruinée. Ce récit ne peut sans doute s'appliquer avec exactitude qu'au dernier de ces événements. Nous pensons, avec un savant historien, que : « Si Ninive avait été détruite de fond en comble par Bélésis, elle n'aurait pu l'être de nouveau par Astyage. Il y a là confusion évidente des faits. Un seul et même événement qui avait dû frapper les esprits, à cause de sa grandeur terrible, aura été attribué à deux époques différentes. » De Saulcy, *Recherches sur la chronologie des empires de Ninive, de Babylone et d'Ecbatane*.

CHAPITRE IX

EMPIRE BABYLONIEN. — NABUCHODONOSOR. — FIN DU ROYAUME DE JUDA. — LA CAPTIVITÉ DE BABYLONE.

SOMMAIRE

De *Ninus* à *Bélésis*, situation subordonnée de Babylone, gouvernée par des vice-rois ou satrapes dépendants de Ninive.

759, *Nabonassar* prend le titre de roi. — *Ère de Nabonassar*, 747 av. J.-C.

Babylone perd ses rois indigènes. — Assar-Haddon la gouverne pendant le règne de Sennachérib.

§ I. Empire babylonien. — *Nabopolassar*, 624 à 604, fondateur de l'empire babylonien, ou chaldéo-babylonien, ou assyrien. — Il est attaqué par Néchao, qui, après avoir défait Josias à Mageddo, marche vers l'Euphrate. — Bataille de Carchemis, 604. Retraite de Néchao.

§ II. Nabuchodonosor II, 604 à 562. — Conduite imprudente des rois de Juda. Prédictions de Jérémie. — Nabuchodonosor se rend maître à trois reprises de Jérusalem. — *La captivité de Babylone commence* à l'époque où les Chaldéens, après s'être emparés pour la première fois de Jérusalem, se retirent avec les Israélites faits prisonniers, 606.

§ III. Fin du royaume de Juda, 587. — Nabuchodonosor met pour la quatrième fois le siége devant Jérusalem, après avoir vaincu les Égyptiens. Il s'empare de la ville. Destruction du temple.

Captivité de Babylone. Elle devait, conformément aux prophéties, durer soixante-dix ans, de 606 à 536.

Nabuchodonosor entre en Égypte; il retourne à Babylone chargé d'un immense butin fait sur les Égyptiens et suivi d'une multitude de captifs.

Siége de Tyr, 585. — Après un long siége, cette ville tombe au pouvoir de Nabuchodonosor, qui ne trouve que des édifices déserts. Retraite de la population.

Nabuchodonosor agrandit Babylone, répare les édifices construits par Sémiramis et ses successeurs; élève les jardins suspendus. Magnificence de cette ville.

Folie de Nabuchodonosor. — Régence de *Nitocris*. Le cours de l'Euphrate allongé et rendu tortueux. Lac pour le dégagement des eaux du fleuve.

Sous Balthazar ou Labynit, siége et prise de Babylone par Cyrus, 538. — *Fin de l'empire babylonien.*

Religion des Assyriens. Culte de Bel, du Soleil et du Feu. Astres et divinités inférieures. — Les prêtres chaldéens possédaient des connaissances étendues en astronomie. — Leurs prétentions à prédire l'avenir par l'examen des astres, par l'astrologie. — Multitude de divinités. Culte grossier.

Gouvernement. — Pouvoir absolu du Roi des rois. Autorité de la caste sacerdotale. Commerce, industrie, richesse de Babylone.

La situation de Babylone par rapport à Ninive, pendant la durée du premier empire d'Assyrie, avait été moins une dépendance absolue qu'une infériorité politique comme celle d'un vassal à l'égard d'un suzerain. Babylone payait le tribut que lui avait imposé Ninive. A cette condition, qui ne devait pas être bien lourde pour une cité aussi riche, il est probable qu'on la laissait libre de vivre avec les lois et les institutions de son choix, sous l'autorité d'un satrape ou d'un vice-roi nommé par le roi d'Assyrie. Nous avons vu *Bélésis* s'affranchir de ce lien et se rendre entièrement indépendant, 759. Son successeur, *Nabonassar*, prit le titre de roi et brûla les documents qui attestaient l'ancienne domination des princes ninivites, afin qu'un âge nouveau commençât pour Babylone. De son règne date en effet une ère, *l'ère de Nabonassar;* son point de départ correspond à l'an 747 av. J.-C.

La division qui se produisit après lui dans l'intérieur du royaume, occasionnée vraisemblablement par l'antagonisme des prêtres et des guerriers, affaiblit l'empire et permit aux Assyriens de rétablir leur prédominance sur Babylone. Un de ces rois subordonnés est le *Mérodac-Baladan* dont parle la Bible, lequel, ayant appris la guérison miraculeuse d'Ézéchias, roi de Juda, lui envoya, l'an 710, des ambassadeurs pour le féliciter. Ézéchias, transporté de joie, n'eut rien de plus pressé que de leur montrer ses parfums, son or, ses vases précieux, tout ce que renfermaient ses trésors.

Quand il le dit à Isaïe, le prophète comprit tout ce qu'avait eu d'imprudent une telle conduite, propre à éveiller la convoitise d'un voisin puissant. « Écoutez la parole du Seigneur, dit-il à Ézéchias : il viendra un temps où tout ce qui est dans votre maison et tout ce que vos pères y ont réuni jusqu'à ce jour sera transporté à Babylone sans qu'il en reste rien. »

Babylone perdit plus tard ses rois indigènes. Sennachérib, afin de maintenir dans sa dépendance cette grande cité, envoya avec le titre de roi son fils Assar-Haddon, qui paraît s'être donné pour successeur un gouverneur ou satrape ninivite.

§ I. **Empire babylonien**. — *Nabopolassar* (625 à 604) rendit à Babylone l'indépendance en s'unissant avec les Mèdes contre Ninive, qui fut détruite. Cet événement commença la grandeur de l'empire babylonien, destiné à dominer sur l'Asie occidentale jusqu'au moment de l'apparition de Cyrus. Nabopolassar régnait paisiblement lorsqu'il se vit attaquer par un ennemi redoutable. Le pharaon de l'Égypte, Néchao, s'avançait vers l'Euphrate avec une puissante armée ; il avait défait et tué le roi de Jérusalem, Josias, à la bataille de Mageddo (en Galilée). Le roi d'Assyrie chargea son fils, Nabuchodonosor, de marcher à la rencontre de Néchao. Le combat s'engagea en 604, près de Carchémis (*Circesium*, auj. Kerkisca, en Mésopotamie, dans l'angle que forme la jonction du Chaboras et de l'Euphrate). Complétement défait, Néchao se réfugia en Égypte. Nabuchodonosor se disposa à l'y poursuivre : il subjugua la Syrie et la Palestine ; mais il fut rappelé à Babylone par la nouvelle de la mort de son père, au moment où il allait entrer en Égypte.

§ II. **Nabuchodonosor II**, 604-562. — Sa première entreprise, après être monté sur le trône, fut dirigée contre Jérusalem. Le roi de Juda Joachim lui fournissait une occasion qu'il n'était que trop disposé à saisir ; ce prince venait de refuser le tribut. Son territoire fut ravagé, son fils et successeur, Jéchonias, fut emmené en captivité. Parmi les Israélites prisonniers comme lui se trouvaient Ézéchiel et l'oncle de la reine Esther, Mardochée. Ces revers ne firent pas suivre aux rois de Juda une conduite plus sage. En vain Jérémie annonça les calamités qui allaient fondre sur Jérusalem; Sédécias, successeur de Jéchonias, bravant la colère de Nabuchodonosor, auquel il devait le trône, s'unit à ses ennemis, à Tyr, et à Sidon. A la nouvelle que le roi de Babylonie avait mis le siége de vant Jérusalem, les Égyptiens prirent les armes. Ils crai gnaient que cette dernière barrière, en tombant, ne laissât libre la route de l'Égypte devant l'ambition du roi d'Assyrie.

§ III. **Fin du royaume de Juda**, 587. — **Captivité de Babylone**, 606-536.—Apriès vaincu et rejeté en Égypte, l'armée chaldéenne vint remettre le siége devant Jérusalem. Il fut long, comme l'étaient ordinairement les siéges, lorsqu'une ville était munie de hautes murailles et entourée de fossés profonds. A cette époque, les machines, très-simples, ne pouvaient presque rien contre des murs épais; mais quand les assiégeants étaient nombreux et les assiégés réduits à leurs seules forces, il arrivait toujours que la faim, la soif, ou une surprise heureuse, faisaient tomber la ville au pouvoir de l'ennemi. Le siége de Jérusalem dura dix-huit mois, sans que Sédécias voulût écouter Jérémie et chercher à fléchir la colère du roi babylonien; enfin les Assyriens pénétrèrent dans la ville. C'était la troisième fois, depuis l'avénement de Nabuchodonosor, qu'ils s'en trouvaient maîtres (587). Cette fois le temple de Salomon et les palais furent détruits; le roi, ses fils, les princes et chefs de Juda furent emmenés en captivité à Babylone. *La captivité de Babylone*, prédite par les prophètes, avait commencé à l'époque de la première prise de Jérusalem, en 606. — Les Juifs, avec cette obstination qui caractérise leur race, ne cédèrent pas sous tant de malheurs; ceux qu'on avait laissés pour cultiver la terre se révoltèrent et massacrèrent le gouverneur babylonien; puis, craignant la vengeance de Nabuchodonosor, ils s'enfuirent en Égypte. Le roi de Babylone entra dans les États d'Apriès; il ne s'en empara point, mais, selon l'expression de la Bible, *il se courrit de richesses, comme le pasteur se courre de son habit, et se retira en paix.* L'Égypte dépouillée eut bien de la peine à se remettre du coup qui venait de lui être porté.

Siége de Tyr. 585. — La prise de Jérusalem avait été suivie d'une nouvelle expédition contre les Tyriens et du siége de Tyr. La ville, pendant treize ans, résista aux efforts des Babyloniens : le siége fut si meurtrier que « toute épaule, dit le prophète, devint pelée, que toute tête en devint chauve. » Enfin la ville tomba en leur pouvoir, mais les habitants avaient fui sur leurs vaisseaux et s'étaient réfugiés dans une île voisine, avec ce qu'ils possédaient.

Babylone agrandie. Les constructions de Sémiramis réparées et embellies. Les jardins suspendus. — Après ces guerres glorieuses, Nabuchodonosor s'occupa de fortifier et d'embellir Babylone. Les nombreux captifs qu'il avait ramenés de l'Égypte, de la Phénicie, de la Syrie et de la Palestine, furent employés à quelques-unes des grandes constructions dont nous avons parlé dans l'histoire de Sémiramis. Les historiens grecs qui visitèrent Babylone dans la suite ne distinguaient pas les ouvrages dus à la reine de ceux de ses successeurs. Cependant on attribue à Nabuchodonosor l'agrandissement de Babylone, à laquelle il ajouta en quelque sorte une seconde ville, la construction d'un palais d'une somptuosité incomparable, de nouvelles murailles autour de la ville, et la merveille des jardins suspendus [1]. La reine, Mède d'origine, ayant exprimé un jour devant lui le désir de revoir les arbres et les rochers de son pays, qu'elle avait quitté depuis son enfance, le despote, auquel rien ne semblait impossible, voulut mettre sous ses yeux le spectacle qu'elle regrettait, et fit élever dans l'enceinte de son palais cette montagne artificielle, ombragée d'arbres de tous les pays, dont les voyageurs ont cru retrouver les vestiges, après tant de siècles écoulés.

Folie de Nabuchodonosor. — Fier de la beauté de Babylone, qui par sa magnificence surpassait ce que l'industrie des hommes avait jusqu'alors enfanté, Nabuchodonosor s'admirait lui-même en contemplant son ouvrage, et disait avec transport : « N'est-ce pas moi qui ai bâti cette grande Babylone? » Un jour qu'il roulait cette pensée orgueilleuse dans

---

1. Au sujet des *merveilles du monde,* voyez une note vers la fin du volume.

son esprit, Dieu tout à coup le dégrade de son esprit en le frappant d'une maladie qui lui fait croire qu'il est un bœuf sauvage et lui en donne tout l'instinct. Cette folie dura sept années, durant lesquelles l'empire fut gouverné par un conseil de régence et par une des femmes de Nabuchodonosor, la reine Nitocris.

Nitocris. — C'est à cette reine qu'on attribue les grands travaux destinés à protéger Babylone contre les excursions des Mèdes et contre les débordements. Afin d'empêcher les Mèdes, en descendant le fleuve, d'arriver si rapidement devant Babylone que cette ville aurait pû être surprise avant d'avoir eu le temps de se mettre en défense, un nouveau lit fut creusé pour l'Euphrate, et le fleuve fut rendu si tortueux qu'on était obligé de passer trois fois devant le bourg d'Arderica avant d'arriver par eau à Babylone. Nitocris fit également creuser un lac d'une grande étendue qui devait recevoir les eaux de l'Euphrate lorsqu'il inonde les campagnes voisines de la ville. Nabuchodonosor recouvra la santé un an avant sa mort, qui survint en 561, après un règne de 41 ans.

Ses successeurs ne montrèrent sur le trône que faiblesse et incapacité. L'un d'eux, *Nériglissor*, fut tué dans une bataille qu'il livra aux Mèdes, commandés par Cyrus. Sous le quatrième successeur de Nabuchodonosor, le roi des Perses vint mettre le siége devant Babylone.

Balthazar ou Labynit. Siége et prise de Babylone par Cyrus. Fin de l'empire babylonien, 538. — Poussé par l'évidence du danger dont la grandeur croissante des Mèdes menaçait les États indépendants de l'Asie, et pressé par les conseils de sa mère Nitocris, Balthazar fit alliance avec Crésus, roi de Lydie, et se concerta avec ce prince pour combattre les Mèdes. Quand Cyrus eut vaincu les Lydiens à Thymbrée, il marcha contre Babylone. L'attaque n'était pas une surprise ; Nitocris s'y attendait depuis longtemps. La place, pourvue abondamment de vivres et de ressources de toute nature, semblait imprenable ; mais la sécurité même que la force des murailles inspirait aux habitants fut la cause de leur perte. Pendant deux ans Cyrus employa ses troupes à

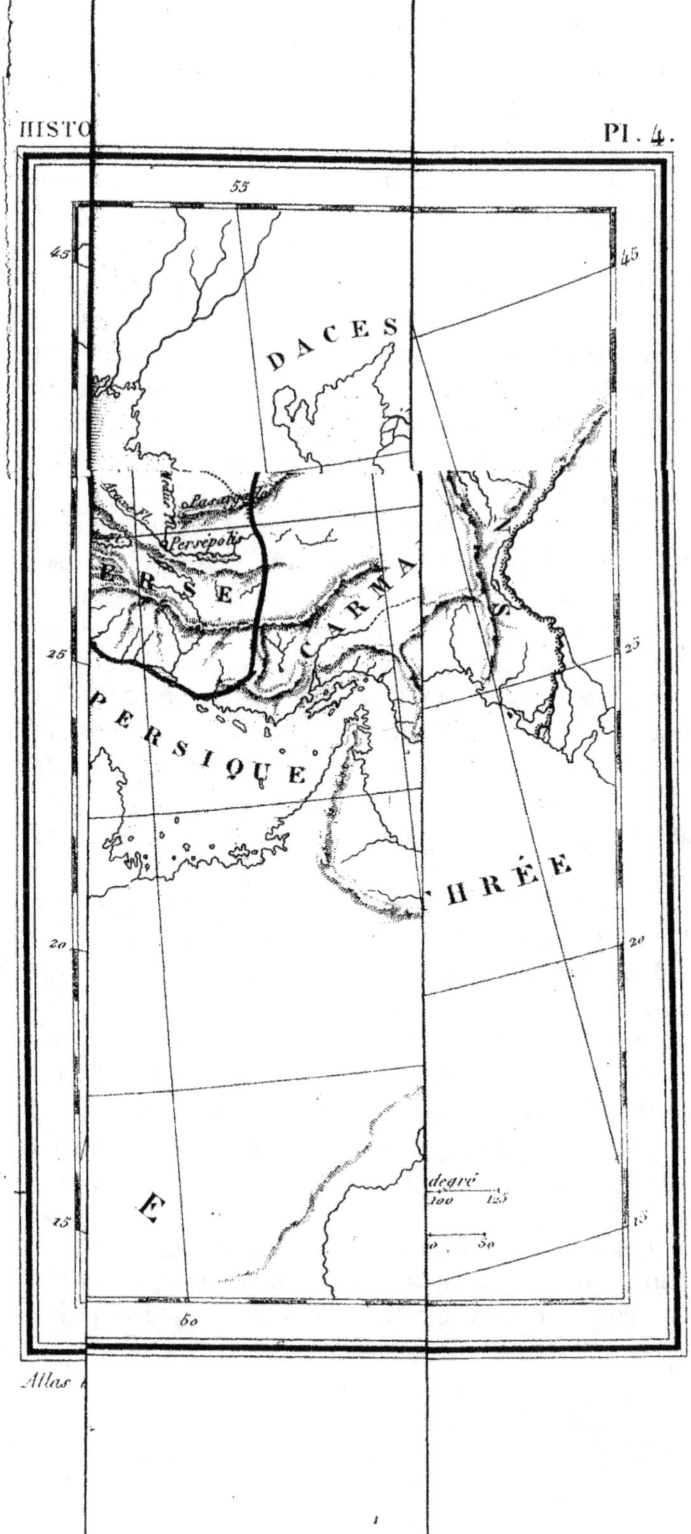
55
45
45
DACES
Pasargada
Persepolis
25
25
E R S E
CARMA
PERSIQUE
HRÉE
20
20
degré
100
125
50
15
15
F
50
Atlas

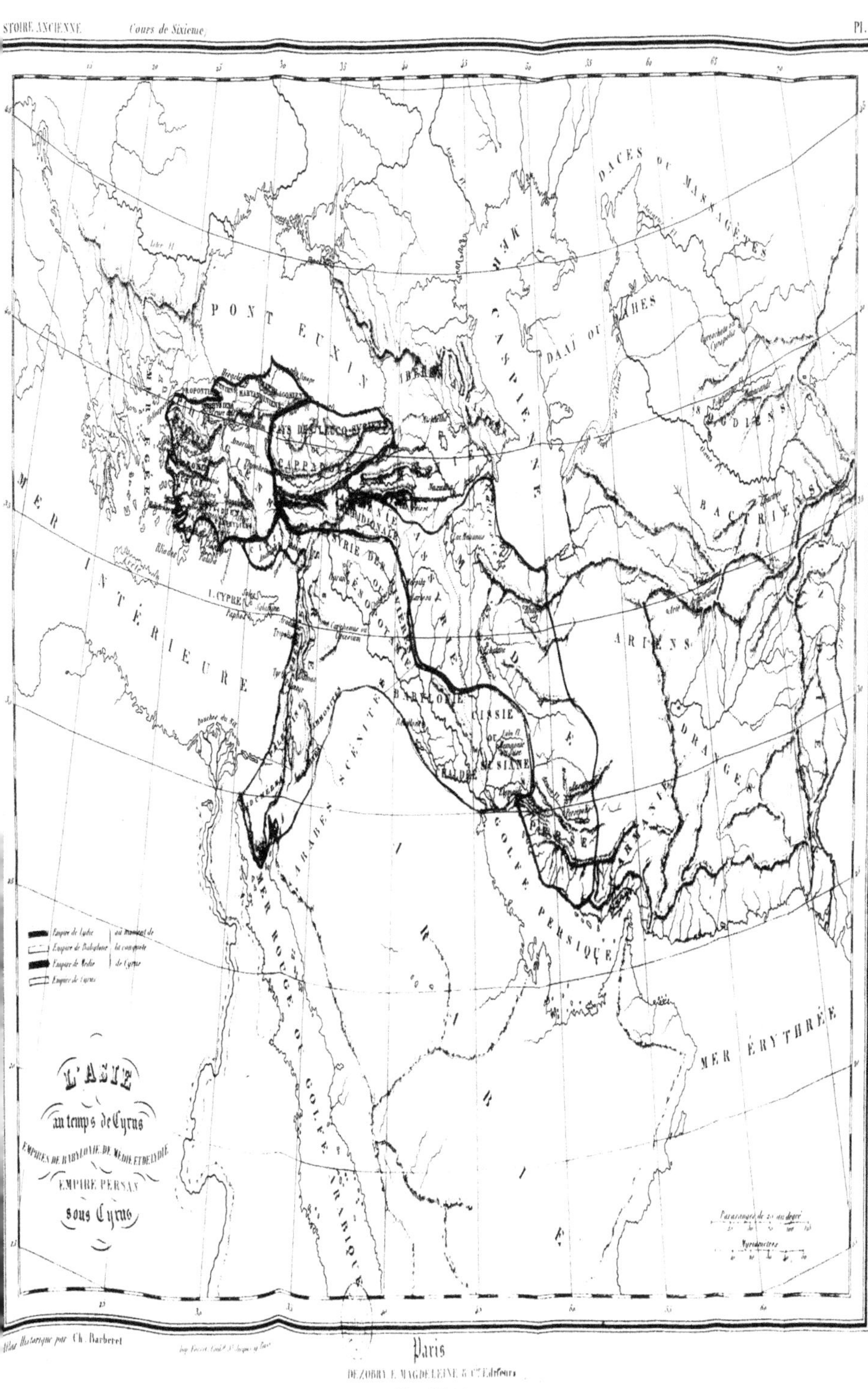
PONT EUXIN
MER CASPIENNE
DACES OU MASSAGÈTES
DAAI OU DAHES
MÉDIENS
BACTRIENS
IBÉRIE
CAPPADOCE
MER INTÉRIEURE
ARIENS
I. CYPRE
Paphos
ASSYRIE
BABYLONE
SUSIANE
CHALDÉE
ARABES
MER ROUGE OU GOLFE ARABIQUE
GOLFE PERSIQUE
MER ÉRYTHRÉE
Empire de Lydie
Empire de Babylone
Empire de Médie
Empire de Cyrus
au moment de
la conquête
de Cyrus
L'ASIE
au temps de Cyrus
EMPIRES DE BABYLONIE, DE MÉDIE ET DE LYDIE
EMPIRE PERSAN
sous Cyrus
Myriamètres

reuser autour de Babylone un fossé profond dont se mo-
quaient les assiégés. Mais, une nuit, il fait entrer le fleuve en
même temps dans le fossé et dans le lac de Nitocris ; puis,
avec ses soldats, il s'introduit par le lit de l'Euphrate mis à
sec, au milieu de Babylone, pénètre dans les rues par les
portes d'airain que la folle imprévoyance des habitants n'a-
vait pas fermées, et s'empare d'une ville plongée dans le désordre et les plaisirs d'une fête. Telle était l'étendue de cette
immense cité, que les habitants des quartiers éloignés n'ap-
prirent cet événement que longtemps après l'entrée de Cyrus.

Babylone fut sous les rois perses une capitale de l'Empire.
Les successeurs d'Alexandre fondèrent Séleucie, qu'ils bâtirent
en partie avec les débris des édifices de Babylone. Les Parthes
élevèrent contre Séleucie Ctésiphon, qui fut à son tour abandonnée pour Bagdad, la ville arabe. Au milieu de ces révolutions, Babylone, devenue déserte, fournit ses ruines à toutes
les cités nouvelles. Rien ne rappelle aujourd'hui son antique
magnificence, sauf une tour qui élève encore sa masse som-
bre et indestructible à 80 mètres au-dessus du niveau de
l'Euphrate. Autour d'elle s'étend la solitude, troublée seulement par les cris des hyènes et des chacals. La religieuse
terreur des populations a attaché à ce dernier débris de la
grandeur de Babylone les noms de l'édifice et du conquérant
les plus anciens qui soient restés dans la mémoire des hommes : ils l'appellent la *tour de Babel*, ou le *palais de
Nemrod*.

Religion, gouvernement des Assyriens et des Babyloniens.
— Nous savons peu de choses sur les croyances et les institutions politiques de ces peuples. Le grand Dieu était chez
eux le dieu *Bel*, confondu avec le Soleil. L'adoration de la
flamme, dont on retrouve des représentations sur les monuments de Khorsabad comme sur ceux de Persépolis, était un
culte rendu à Bel ou au dieu Soleil. Après Bel se placent les
dieux inférieurs qui représentent les planètes et la multitude des astres, tels que *Mars* ou *Nergal*, *Vénus* ou *Nanain*,
Mercure ou *Nabo*, *Jupiter* ou *Bel Gad*, etc. Les Assyriens
offraient de l'encens au soleil, à la lune, aux douze signes

du Zodiaque. Chez ces peuples, la religion se confondait avec l'astronomie, qui est la science véritable des lois du mouvement des astres, et avec l'astrologie, fausse science qui avait la prétention de reconnaître par l'examen du ciel l'avenir des destinées humaines. Par une suite d'observations astronomiques, les prêtres chaldéens étaient parvenus à déterminer le mouvement moyen journalier de la lune, et à calculer les éclipses de lune. Comme nous l'avons dit, les astres étaient à leurs yeux les interprètes des arrêts du destin, et les changements qui surviennent dans l'atmosphère autant de signes de bonheur ou de malheur pour les nations et pour les individus. On comprend quelle double importance, au point de vue politique et au point de vue religieux, avaient pour eux les observations astronomiques; aussi, l'examen du ciel était-il la principale occupation de leur vie. Ils adoraient encore une multitude de dieux qu'on trouve représentés sur les cylindres [1], depuis *Oannès* ou *Dagon*, le Dieu poisson, et *Mylitta*, jusqu'à *Bel*, espèce de famille formée de créations successives et présidant à tous les rapports qui forment l'ordre universel. Le culte était souillé par des pratiques grossières et immondes.

Les prêtres formaient une caste au-dessus de laquelle était le roi, roi des rois, investi d'un pouvoir absolu. Ce roi confiait le gouvernement des provinces à des satrapes, qui percevaient les impôts et nommaient les juges chargés de la répression des délits.

Babylone s'était enrichie par le commerce autant que par l'industrie de ses habitants. Les produits de l'Arménie, de l'Inde, de la Perse, de l'Arabie arrivaient chez elle par l'Euphrate et le golfe Persique, et en retour, elle expédiait les produits de ses nombreuses manufactures; des robes et des tapis que nulle part on ne fabriquait avec de plus vives couleurs, des armes ciselées, des bijoux, des pierres gravées ou cylindres, dont l'usage était très-répandu dans tout l'Orient.

---

1. Pierres dures taillées en forme *cylindrique*. Voyez les *notes* à la fin du chapitre

Les arts s'étaient plu à embellir une ville qui, jusqu'à la fondation d'Alexandrie, fut le centre commercial du monde.

LECTURES A FAIRE.

Ouvrages principaux. Sources. — Dans l'*Ancien Testament*, — le *IVe livre des Rois*, contenant l'histoire des derniers rois d'Israël et de Juda jusqu'à la captivité de Babylone, le récit de la mission d'Élie et d'Elisée ; — les *deux livres des paralipomènes*, ainsi nommés parce qu'ils renferment le récit des faits qui avaient été omis dans les autres livres historiques. Le second finit avec la captivité de Babylone, à l'édit de Cyrus. — *Les livres des Prophètes.* On compte cinq grands prophètes : Isaïe, Ézéchiel, Daniel, Jérémie et Baruch ; et douze petits prophètes : Osée, Joël, Amos, Abdias, Jonas, Michée, Nahum, Habacuch, Sophonias, Aggée, Zacharie et Malachie. L'influence de ces prophètes a contribué à retarder la chute des royaumes de Juda et d'Israël. Ils montraient les dangers que devait faire naître l'impiété des peuples ; ils annonçaient le châtiment céleste ; ils portaient même aux nations voisines la parole de Dieu. Leur pénétration éclairée par l'Esprit saint leur faisait entrevoir et prédire l'inévitable destruction qui devait successivement atteindre toutes ces nations décrépites plongées dans les excès de la débauche et asservies à des cultes immondes.

Parmi les auteurs profanes, — *Hérodote*, qui ne parle qu'incidemment, dans sa grande histoire, de l'Assyrie et qui avait visité Babylone. Il avait écrit une histoire spéciale de l'Assyrie, qui malheureusement a été perdue.

Les premiers livres de l'*Histoire universelle de Diodore de Sicile*, historien grec qui écrivit vers 60 ans av. J.-C. Il avait parcouru une grande partie de l'Europe et de l'Asie et visité Babylone. Diodore de Sicile a pris pour guide *Ctésias*, auteur d'une histoire des Perses, faite sur des documents puisés aux archives de l'empire des Perses, et qui ne nous est pas parvenue. Ctésias avait été médecin du roi Artaxercès Mnémon, et s'était trouvé à la bataille de Cunaxa (401 av. J.-C.)

Ouvrages secondaires. — *Chaldée, Assyrie*, etc., par Ferd. Hoefer (dans la collection de l'*Univers pittoresque*). — Dictionnaire d'Histoire et de Géographie, par Dezobry et Bachelet, etc.

Nous citerons comme d'utiles auxiliaires, pour l'étude de l'Histoire Ancienne, les ouvrages adoptés dans les établissements publics, tels que les Précis d'Histoire Ancienne de MM. Meindre, Ruelle et Huillard-Bréholles, etc. ; le Manuel d'Histoire Ancienne, d'Hereen.

NOTES SUR L'ÉTAT ACTUEL DE L'ANCIENNE ASSYRIE ET DE LA MÉSOPOTAMIE. — L'ART ASSYRIEN.

Ruines de Ninive. — Il y a quelques années, on ne connaissait de Ninive, l'antique capitale de l'Assyrie, que le nom. Les descriptions que nous ont laissées les historiens de l'antiquité, Diodore de Sicile et Hérodote, de la grandeur de Ninive et de la magnificence de Babylone, éveillaient beaucoup d'incrédulité. Des découvertes inattendues ont mis au jour des monuments qui nous donnent de cette civilisation depuis longtemps disparue la plus haute idée. Une foule d'inscriptions en caractères appelés *cunéiformes*, parce que tous les jambages dont ils sont composés ont la forme du *clou*, ont été recueillies, et fourniront, sur des peuples dont nous connaissons bien incomplétement l'histoire, des renseignements précieux, le jour où la science aura pénétré les mystères de cette langue perdue comme elle a pénétré ceux des hiéroglyphes. En attendant, nous avons pu reconnaître que les récits d'Hérodote ne sont entachés ni de mensonge ni d'exagération. Les palais trouvés à Khorsabad, les débris qui en ont été rapportés et déposés au musée assyrien du Louvre font concevoir quelle était la beauté des constructions immenses élevées à Ninive et à Babylone, et que nous ne connaissions que par les relations suspectes des écrivains grecs. Nous allons donner ici quelques détails sur les circonstances qui ont amené la découverte des ruines de Khorsabad; événement qui a causé une profonde sensation en Europe dans le monde savant, et qui a ajouté aux richesses de notre magnifique musée du Louvre des monuments du plus haut intérêt pour l'histoire de l'art et pour l'histoire politique des peuples anciens.

C'est à la France qu'est due la gloire de l'initiative des recherches. Un consul français, M. Botta, commença des fouilles en 1844, dans l'emplacement que l'on croit avoir été occupé par l'enceinte de Ninive, sur les bords du Tigre. Il s'est élevé à cet égard de nombreuses controverses dues à une singulière contradiction des historiens anciens, qui mettent Ninive, les uns, tels qu'Hérodote et Strabon, sur les bords du Tigre; les autres, tels que Ctésias et Diodore de Sicile, sur les bords de l'Euphrate. Quoi qu'il en soit, les fouilles de M. Botta furent infructueuses jusqu'au moment où il les porta sur une éminence éloignée, qui fait partie du territoire d'un village appelé Khorsabad. Nous allons reproduire, en l'abrégeant, le récit qu'un savant spirituel, M. de Saulcy a tracé des pénibles et courageuses recherches du consul français (*Revue des Deux Mondes*, 1847).

L'édifice somptueux dont on explorait les ruines, avait péri dans un violent incendie. Dès que les plaques de revêtement qui couvraient les murailles de briques étaient exposées à l'air, elles se dilataient avec une rapidité désespérante. A mesure que les fouilles avançaient, tout ce qu'elles produisaient s'anéantissait. M. Botta, pour ne pas perdre le fruit de ses recherches essaya de dessiner, aussitôt qu'ils étaient tirés de terre, les bas-reliefs assyriens couverts d'inscriptions cunéiformes. « Nous n'avons pu nous défendre, dit M. de Saulcy, d'un sentiment d'admiration à la vue des copies de bas-reliefs et d'inscriptions que nous devons au crayon de M. Botta. Il ne savait pas dessiner et pourtant en quelques jours d'application persévérante, il parvint à se mettre en état de rendre avec toute l'exactitude et tout l'esprit désirables des sujets dont il était très-certainement difficile de saisir aussi bien le caractère. » Enfin on augmenta les ressources de M. Botta, on lui fit donner les pouvoirs nécessaires et on lui adjoignit, pour relever les plans et les dessins, M. E. Flandin, artiste d'un talent éprouvé par de longues études sur les monuments de Persépolis, qui sont parfaitement analogues à ceux de Ninive. Les fouilles furent reprises pour ne plus être abandonnées jusqu'à ce que l'on eût enlevé toute la partie supérieure du monticule, qui était comme le cercueil de terre d'un immense palais et le recélait dans ses flancs. On put alors le parcourir tout entier et en reconnaître le plan primitif. Presque partout les murailles, aussi bien à l'extérieur qu'à l'intérieur, étaient encore revêtues de plaques de gypse de très-grande dimension, de 30 à 35 centimètres d'épaisseur moyenne et représentant des figures plus grandes que nature : de dieux, de prêtres, de rois, de guerriers, d'eunuques et de captifs ; ailleurs, c'étaient des scènes de toute espèce, des attaques de villes fortifiées, des débarquements, des combats, des triomphes, des chasses, des festins. Toutes ces figures avaient été peintes. Enfin de nombreuses portes extérieures furent mises à découvert, et que l'on juge de la joie de M. Botta quand il reconnut que ces portes, construites toutes sur le même plan, avaient pour pieds-droits, comme à Persépolis, de gigantesques taureaux ailés à face humaine, d'un seul bloc d'albâtre, haut de plus de 5 mètres et la tête recouverte d'une riche tiare. Derrière ces taureaux se trouvaient d'autres colosses également monolythes (d'une seule pierre) et représentant des hommes étouffant des lions. On peut voir les taureaux au musée du Louvre. La beauté des proportions, le soin de l'exécution dénotent une étude fort attentive et fort avancée de la nature. Entre les jambes des taureaux sont gravées de longues inscriptions en caractères cunéiformes d'une conservation parfaite. On admire également la manière dont sont traités les détails dans les statues colossales d'hommes. Ces géants tiennent de la main droite une arme tranchante fortement recourbée ; de la main gauche, ils serrent la patte gauche d'un lion qu'ils étreignent contre leur poitrine, en l'étouffant sous la pression de leurs bras ; la douleur et les crispations de l'animal rendus avec une admirable énergie, contrastent avec l'impassibilité orientale de la tête humaine, expression de la majesté et de la toute-puissance. — C'est en triomphant de difficultés qu'il est facile de concevoir qu'on parvint à transporter à Paris sans accident les plus belles de ces sculptures colossales qui sont exposées aujourd'hui au musée du Louvre.

L'exemple donné par le consul français trouva bientôt des imitateurs. Un savant Anglais, M. Layard, commença en 1845 des fouilles près de Mossul, dans le village de Nemrod, qui amenèrent la découverte d'objets de sculpture tout à fait semblables à ceux que M. Botta avait trouvés à Khorsabad; des figures ailées, à tête d'homme, aux cheveux frisés, à corps de lion ou de taureau. M. Layard publia le résultat de ses recherches dans un ouvrage plein d'observations intéressantes et de lumières nouvelles sur la civilisation assyrienne étudiée avec les monuments.

On attribue à Teglath Phalazar ou à Sennachérib la construction du palais de Khorsabad.

Ruines de Babylone. — Le sol sur lequel Babylone fut assis esur les bords de l'Euphrate, à 80 kilomètres au S. de Bagdad, ne présente, au premier aspect, aucune trace de ville; mais on aperçoit une multitude de monticules dont le plus élevé, sur la rive droite de l'Euphrate, est le *Birs-Nemrôd* (*château de Nemrod*). Les Arabes attribuent à Nemrod la construction de tous les édifices dont ils trouvent des ruines. C'est une colline étendue qui se termine tout à coup d'une manière pyramidale et abrupte, par un pan de mur d'environ 12 mètres de haut, d'une solidité telle, qu'il est impossible d'en détacher les briques sans les briser. La masse sur laquelle il est assis, ainsi que le reste de la butte, est couvert d'une couche de lichen (si lent à se former dans les climats brûlants), sous lequel on retrouve les briques. Quelques voyageurs ont cru voir dans cette tour l'ancienne tour de Babel, c'est-à-dire le plus vieil édifice du monde; d'autres ont reconnu des vestiges de terrasses et de pans de murs, et la voie en spirale par laquelle on montait au sommet de la tour du temple de Bélus, formé de huit tours ou terrasses superposées, principal observatoire des Chaldéens. Nul doute qu'il ne faille voir dans cette ruine, d'un effet imposant et grandiose, et du haut de laquelle l'œil embrasse une perspective magnifique, un des plus respectables débris de l'antiquité. On a trouvé dans ces ruines de Birs-Nemrod beaucoup de pierres taillées, de cylindres, de statuettes en terre cuite, etc.

Plus loin de l'Euphrate, s'élève la grande butte carrée de Moudjelibeh, où l'on aperçoit des vestiges de la grande citadelle de Babylone, dont les remparts sont marqués par une série de petites collines. Parmi ces buttes qui couvrent la plaine, on distingue *Kasr* (mot arabe qui signifie *Palais*). On a cru y reconnaître les vestiges des terrasses suspendues attenant au palais du roi. Près d'un endroit d'où on a retiré la statue colossale d'un lion en marbre noir de trois mètres de longueur dressé contre une figure humaine couchée sur le dos, s'élève un arbre, le seul qui égaie cette solitude désolée : il paraît être un rejeton échappé des jardins suspendus. Là, les voyageurs ramassent des fragments de vases en albâtre, de tuiles vernies et émaillées, de bronze et de cristal de roche; mais, ce qui frappe au premier coup d'œil, c'est l'exploitation que les Arabes font des ruines de Babylone comme d'une carrière de briques inépuisable. Depuis douze siècles, ils fouillent incessamment le sol, et ils en ont retiré les matériaux avec lesquels ils ont bâti Bagdad, Hetle et presque toutes les villes qui se trouvent dans ces contrées. Encore aujourd'hui l'exploitation continue. Il n'est donc pas étonnant qu'on ne trouve point de traces plus nombreuses d'une ville qu'Hérodote nous représente comme la première du monde, surtout si on considère qu'un grand nombre de ses constructions ayant été faites avec des briques crues ou cuites au soleil, leurs débris ont dû se confondre bientôt avec la terre environnante. Cependant, comme le prouve l'existence du *Birs-Nemrod*, malgré le temps et les Arabes, malgré le peu de solidité des matériaux qui y furent employés, il subsiste encore des restes de gigantesques édifices.

— Nous empruntons les renseignements qu'on va lire à une relation lue récemment à l'Académie des Beaux-Arts, par M. Oppert, membre de l'expédition scientifique envoyée par le gouvernement français en Babylonie. M. Oppert avait été envoyé en Orient avec MM. Fresnel et Thomas.

La Mésopotamie, depuis Ninive jusqu'au golfe Persique, est un pays complétement plat et presque entièrement dépourvu de pierre. Pour remédier à cette pénurie, les Chaldéens inventèrent de bonne heure l'art de faire des briques et des tuiles : ils le portèrent à un degré de perfection que les modernes n'ont pas atteint. Des découvertes récentes confirment pleinement les données de la Bible sur la manière de bâtir dans le pays de Sennaar. Nous pouvons reconnaître encore après trois mille ans le bitume qui liait, en guise de ciment, les briques les unes aux autres, exactement comme nous l'enseigne le deuxième chapitre de la Genèse. Pour donner plus de solidité à ce ciment, on plaçait sur les briques des nattes faites avec le roseau qui croît en abondance sur les bords de l'Euphrate. Ces briques, de même grandeur et d'une épaisseur égale, portaient chacune une marque de pose : derrière, on trouvait le nom du roi; sur la partie de la brique exposée au jour on gravait des inscriptions en caractères cunéiformes.—La colonne, en architecture, est d'origine babylonienne; il en est de même des cariatides. Le grand nombre des sculptures trouvées à Ninive, particulièrement dans le palais de Sardanapale (construit vers 760), que les Anglais ont découvert au commencement de 1854, s'explique par l'abondance sur le territoire de la ville, d'une pierre si friable qu'on peut l'entamer avec l'ongle, tandis que Babylone n'avait que du grès ou du granit très-dur qu'il fallait faire venir de fort loin. Mais les statuettes en terre cuite qu'on a recueillies à Babylone prouvent que l'art y était avancé. Au reste, on retrouve dans cet art beaucoup du caractère de l'art oriental qui se fait également sentir dans les monuments de la Palestine. La sculpture perse et persépolitaine a la plus grande analogie avec la sculpture assyrienne, bien que les architectures dans ces deux pays partent de principes très-différents et ne se ressemblent point.

La ville des Chaldéens manquant de pierres et de matériaux de bas-reliefs, les remplaça au moyen de la peinture à l'encaustique sur brique. Nous savons, par les descriptions des anciens, que les murs de Babylone, au moins ceux des palais des rois, étaient ornés de tableaux représentant des chasses et des sujets analogues aux sujets que le ciseau du sculpteur avait taillés à Ninive. La commission française a recueilli, en 1854. sur les ruines mêmes du château royal, une quantité considérable de fragments appartenant à des représentations d'hommes, de bêtes, d'arbres, de montagnes, etc. Elle a trouvé en outre des traces de lettres cunéiformes peintes en blanc sur un fond bleu; ces caractères étaient d'une assez grande dimension. La destruction ou plutôt la démolition radicale qui a frappé Babylone n'a pas laissé subsister de figure entière. On a également découvert des fresques à Khorsabad, mais d'une exécution fort inférieure aux peintures de Babylone. L'immense majorité des briques peintes est de couleur bleue et de couleur blanche.

Avant la découverte de Ninive, on ne connaissait d'autres monuments des Assyriens que les cylindres, petits ouvrages en pierre dure, généralement percés dans le sens de leur longueur pour recevoir un anneau, car ces pierres gravées servaient de cachet et on les roulait sur la cire. D'après Hérodote, tout Babylonien avait son cachet : ce qui fait comprendre qu'on trouve encore un grand nombre de ces petits monuments. Il en existe notamment une riche collection au cabinet des médailles de la Bibliothèque Impériale. Le plus curieux peut-être est celui qui représente deux personnages, l'un, sans armes, qui implore la grâce de l'autre qui est armé. Il porte la légende *Abchaloum* (Absalon), serviteur de *Ichastukur*. Ce nom significatif est certainement celui d'un Juif emmené dans la captivité de Babylone. Ainsi la lecture de l'inscription cunéiforme a donné la certitude que nous possédons à Paris un monument se rattachant à une des catastrophes les plus émouvantes dout les Saintes Écritures fassent mention. —Le Musée britannique, à Londres, possède le cachet du roi Darius,

fils d'Hystaspe, avec son nom écrit en trois langues, en perse, en scy-
thique et en babylonien. Généralement les cylindres représentent des
scènes mythologiques et des divinités : ils portent le plus souvent
trois lignes d'inscriptions, la première donnant le nom du possesseur
du cachet, la seconde le nom de son père, la troisième le nom de la
divinité invoquée sous la protection de laquelle le maître du cylindre
s'était placé. Voici la traduction d'une des inscriptions : « Khaliloum,
fils de Pachkiva, adorateur de Haou. » (Cylindre de la Bibliothèque
Impériale.)

L'Art assyrien. — Les découvertes de M. Botta ont été signalées
pour la première fois, dans les publications savantes de l'Europe, par
M. de Longpérier (*Revue archéologique*, 1844). Dès cette époque, le savant
académicien décrivait et expliquait, dans un article extrêmement remarquable, les représentations variées des monuments trouvés par le
consul français. Le premier, il déchiffrait des inscriptions qui attestent
leur origine assyrienne, entre autres, celle qui porte le nom du fondateur du palais dont M. Botta a retrouvé les ruines : *Sargon, roi
grand, roi puissant, roi des rois du pays d'Assour*. Sargon, fils de
Sennachérib, a régné, de 710 à 668 avant notre ère, ce qui donne au
monument une date à peu près certaine. Khorsabad est situé à 16 kilomètres de l'emplacement de l'ancienne Ninive. M. de Longpérier traduit ce mot par *demeure de Khosrouh*. Les palais royaux devaient être
nombreux en Assyrie, l'usage étant que chaque monarque eût le sien
propre, et nul n'allant habiter le palais de son père. — M. de Longpérier pense avec M. de Saulcy, que le taureau à tête humaine des
monuments assyriens et persépolitains, représente l'homme-taureau
ou *kaïomort*, qui dans les traditions perses avait donné naissance à la
race des rois et même au genre humain.

Selon cet ingénieux et sagace observateur, l'art assyrien est indépendant de l'art égyptien, et s'est développé parallèlement avec lui. Les
monuments trouvés en Phénicie, dans l'île de Chypre, dans la Palestine, atteste l'influence de l'Assyrie sur l'art dans ces divers pays. Les
Mèdes et les Perses étrangers à la pratique des arts, lorsqu'ils se sont
emparés de Ninive et de Babylone, y ont été initiés par la vue des monuments de ces cités célèbres : de là cette ressemblance qui existe
entre les sculptures de Khorsabad ou du palais de Nemrod et celles de
Persépolis, avec la différence qu'apportent les artistes d'un pays et
d'une époque lorsqu'ils imitent les œuvres d'autres artistes, appartenant à d'autres temps et à une civilisation étrangère. Pour M. de Longpérier, il n'est pas douteux que les Perses n'aient fait en matière d'art,

« l'éducation orientale des Grecs qui, à la vérité, surpassèrent bientôt leurs instituteurs. » On en trouve la preuve dans les analogies évidentes qui existent entre les sculptures de Persépolis et celles de la Grèce à une époque assez reculée, par exemple à l'époque de la première guerre médique. Nous devons ajouter que l'opinion de M. de Longpérier est aujourd'hui partagée par presque tous les archéologues distingués de la France et de l'étranger.

CHAPITRE X

MÈDES ET PERSES.— ROIS DE MÉDIE.— ENFANCE ET AVÉNEMENT
DE CYRUS.

SOMMAIRE

§ I. Mèdes et Perses. — Analogies de mœurs, de croyances et de langues chez les peuples de l'*Iran*. Le civilisateur, le grand conquérant de l'Iran est le descendant de la race divine d'Ormuzd, *Dchemchid*, chef de la dynastie des *Archéménides*, à laquelle Cyrus et Darius avaient la prétention d'appartenir.

La Médie est soumise par Sémiramis. *Arbacès* lui rend son indépendance et prend Ninive 759. — Après lui, nous voyons les tribus des Perses vivre dans un état de lutte à laquelle mit fin l'établissement de la royauté.

§ II. Rois de Médie. — *Déjocès*, 733 à 690, premier roi des Mèdes, s'attache surtout à fortifier l'autorité que lui a donnée la nation. Fondation d'*Ecbatane*.

Phraorte, 690 à 655. — Après de brillantes conquêtes, il échoue contre les Assyriens et meurt leur prisonnier.

Cyaxare, 655 à 595, — reprend l'Asie jusqu'à l'Halys. Mais l'invasion des Scythes met l'Asie pendant vingt-huit ans à la merci de ces barbares. Massacre général des Scythes. — Cyaxare, avec l'aide des Babyloniens, *détruit Ninive*, 625.—Commencement de la lutte contre la Lydie.

Astyage, 595 à 560,—marie sa fille Mandane au roi de Perse Cambyse. Naissance de Cyrus.

§ III. Enfance et avénement de Cyrus. — Incertitude sur certaines parties de l'histoire de Cyrus, dénaturées tantôt par le merveilleux, tantôt par le but philosophique de l'historien. — Récit d'Hérodote ; conteur admirable qui aime les faits dramatiques qu'il excelle à raconter. Récit de Xénophon, écrivain moral, consciencieux, mais qui, en mettant Cyrus sous les yeux des jeunes Grecs comme un modèle, l'a peut-être idéalisé.

D'après Hérodote, Cyrus, préservé de la mort à laquelle son grand-père l'avait condamné, attaque les Mèdes, les soumet et détrône Astyage. *Avénement de Cyrus*, 561.

D'après Xénophon, Cyrus est élevé paisiblement à Persépolis, se distinguant de bonne heure entre tous les jeunes Perses par son génie. Il ne soumet pas les Mèdes, mais il reçoit du successeur d'Astyage, *Cyaxare* II, le commandement de l'armée des Mèdes, 561.

Quel que soit le titre que porte Cyrus à cette époque, il est certain qu'il disposera entièrement désormais des forces militaires de la Médie et de la Perse.

§ I. Mèdes et Perses. — La Médie, la Perse, la Carmanie, la Bactriane, la Sogdiane forment ce que les Orientaux appelaient le pays d'*Iran*, une vaste contrée située à l'ouest de l'Euphrate, entre la mer Caspienne, le golfe Persique et la mer Erythrée, et s'étendant à l'est jusqu'à l'Indus (aujourd'hui Perse, Hérat, Afghanistan et Béloutchistan). Les peuples qui occupèrent cette région eurent, pendant un temps, des mœurs nomades, et conservèrent la même religion, le *culte du feu*; et la même langue, le *zend*. Les traditions orientales parlent d'un roi de la race divine d'Ormuzd nommé *Dchemchid*, qui introduisit la civilisation dans l'Iran et en fit le plus grand empire de la terre. Aujourd'hui encore les Perses attribuent à Dchemchid (l'Achemenès des Grecs), les palais dont on trouve à Persépolis, à Ecbatane les ruines imposantes. Après le règne de ce personnage héroïque, les tribus de l'Iran se séparèrent : les unes se livrèrent aux occupations agricoles ; les autres, comme les Perses, à la vie nomade.

Les Mèdes, placés dans le voisinage de l'Assyrie et sur la route du commerce de la haute Asie avec les peuples voisins de la Méditerranée, devinrent riches et puissants. Leur pays, soumis ainsi que tout l'Iran par Sémiramis, profita de la faiblesse des successeurs de cette grande reine pour recouvrer son indépendance. Nous voyons le satrape ou gouverneur de Médie, *Arbacès*, se mettre à la tête de la coalition formée par les peuples révoltés contre Sardanapale. Le roi d'Assyrie se donna la mort à Ninive, 759. La ville tomba au pouvoir d'Arbacès, qui reçut les hommages des vainqueurs. Peut-être toutes les tribus des Mèdes, qui occupaient le pays borné au nord par l'Arménie (Al Gezira) au midi par la Susiane, à l'est par l'Asie et la Carmanie, à l'ouest par l'Assyrie, ne reconnurent-elles pas l'autorité d'Arbacès. Elles vécurent indépendantes les unes des autres, dans une espèce d'anarchie, jusqu'à Déjocès.

§ II. **Rois de Médie.** — *Déjocès*, 733 à 690. — Déjocès était un des juges de la nation. Telle était la réputation que lui avaient faite son intégrité et sa justice, que les tribus, fatiguées de l'état de division dans lequel elles vivaient, lui offrirent le titre de *roi*, 733. La conduite de Déjocès avait tendu à ce but. Quand il l'eut atteint, il s'occupa de fortifier son autorité. On lui attribue la fondation de la grande ville d'Ecbatane (*Hamedan*, dans l'Irak-Ajami), entourée de sept enceintes disposées de manière que chacune ne surpassât l'enceinte inférieure que de la hauteur de ses créneaux. L'assiette du lieu qui s'élève en colline vint en aide à cette disposition. Au centre étaient le palais et le trésor du roi ; le peuple devait habiter entre les autres enceintes. Un cérémonial imposant, imité sans doute de celui qui se pratiquait à la cour d'Assyrie, protégeait et relevait la majesté royale. Déjocès mourut après avoir réuni les tribus mèdes en une nation homogène et compacte, laissant à son fils Phraorte une autorité étendue dont personne avant lui n'avait joui chez les Mèdes.

Phraorte, 690 à 655. — Phraorte, ou Arphaxad comme il est nommé dans l'Écriture, ne suivit pas la politique de son père, qui avait mis ses soins à discipliner les Mèdes et à policer leurs mœurs. Il s'engagea dans la voie des conquêtes, soumit les Perses, et à la tête de leurs tribus belliqueuses jointes aux forces des Mèdes, il assujettit à ses lois la partie de l'Asie comprise entre le Taurus et le fleuve Halys. Fier de ces succès, il attaqua les Ninivites ; mais tout affaiblie que fût Ninive, elle se trouva assez forte encore pour repousser victorieusement cette agression. Les Mèdes furent battus. Phraorte, fait prisonnier, périt dans les supplices.

Cyaxare, 655 à 595. — Son fils Cyaxare lui succéda. Il commença par raffermir la discipline militaire, sépara la cavalerie de l'infanterie avec laquelle elle combattait confondue, et, pressé de venger la mort de son père, marcha contre les Assyriens. Leur défaite fut suivie de la reprise des conquêtes de Phraorte jusqu'au fleuve Halys. Déjà même Cyaxare avait mis le siége devant Ninive, lorsqu'une armée formidable de Scythes venus du fond de l'Europe, d'où ils avaient chassé les Cimbres, envahit ses États. En vain, le roi des Mèdes chercha à s'opposer à ces hordes qui, comme un torrent, ravageaient tous le pays et ne laissaient derrière elles que des ruines ; l'armée Mède fut écrasée. Pendant vingt-huit ans, l'Asie se trouva comme à la discrétion de ces barbares. L'excès des maux que souffraient les peuples fit naître une conspiration dans laquelle le plus grand nombre des barbares devait être enveloppé. Cyaxare invita les chefs à un festin ; quand l'ivresse les eut mis hors d'état d'opposer aucune résistance, il les fit égorger. Partout, le même jour, sur les divers points de l'empire, on massacra les Barbares ; ceux qui échappèrent trouvèrent un refuge en Lydie. Cyaxare ayant par ce moyen recouvré ses États, s'unit au roi des Babyloniens. Ninive, assiégée par leurs armées, fut prise et détruite, 625. L'asile que les Lydiens avaient donné aux Scythes donna naissance à une guerre qu'interrompit une éclipse de soleil qu'avait prédite Thalès de Milet. Elle fut terminée par un traité et par l'union de la fille du roi de Lydie Alyate avec Astyage. Lorsque Cyaxare mourut, il laissa l'Empire augmenté d'une portion considérable de l'Assyrie, de la Susiane, de la Cappadoce, du Pont et de l'Arménie, sans parler de la Perse.

Astyage, 595-561. — Son fils lui succéda. Ce prince avait une fille nommée Mandane qu'il maria au Perse Cambyse. De ce mariage naquit Cyrus, le fondateur du puissant empire des Perses, prince non moins remarquable par la générosité de son caractère que par la supériorité de son génie.

Les historiens qui nous ont transmis l'histoire de ce conquérant ne s'accordent ni sur les circonstances de sa jeunesse, ni sur celles de sa mort. Nous allons rapporter, en peu de mots, la relation d'Hérodote : — Astyage, ayant eu un songe singu-

lier, en demanda l'interprétation aux mages ou prêtres mèdes,
qui lui dirent que de sa fille devait naître un fils destiné à le
détrôner. Le roi, épouvanté, se fait apporter l'enfant que
Mandane avait mis au monde, et ordonne à un de ses cour-
tisans nommé Harpagus de le faire mourir. Celui-ci n'a pas
le courage d'exécuter lui-même cet ordre barbare ; il en charge
un berger dont la femme, touchée de pitié pour cet enfant,
l'élève comme son fils. Voilà Cyrus qui grandit, mêlé aux
enfants de son âge. Une querelle avec l'un d'eux, fils d'un
grand de la cour, l'amène devant Astyage. A la fierté de ses
réponses, à la ressemblance de ses traits avec les siens, Astyage reconnaît le fils de Mandane. Il dissimule son ressentiment et ses inquiétudes, renvoie Cyrus en Perse, et pour se
venger d'Harpagus, fait couper par morceaux le corps de son
fils, qu'il sert ensuite dans un repas au père infortuné.
Quelques années s'écoulent, après lesquelles Harpagus se
venge à son tour en poussant les Perses à attaquer les Mèdes
et en leur donnant la victoire par une trahison. Astyage veut
combattre lui-même Cyrus ; son armée est défaite, le vain-
queur prend possession de son trône, et l'empire mède tout
entier tombe au pouvoir des Perses, 561.

Le récit de Xénophon est plus vraisemblable. Xénophon
(né en 445, mort en 355), général, philosophe et historien,
a écrit une histoire de Cyrus en huit livres (la *Cyropédie*,
éducation de Cyrus), dans laquelle il se proposait de mettre
sous les yeux de ses compatriotes le modèle d'un prince et
d'un guerrier accompli. Il a pu, pour atteindre le but auquel
son héros se prêtait par la grandeur réelle de son caractère,
parer son récit de détails imaginaires, et notamment de discours qui n'ont certainement pas été prononcés, mais il e st
probable que le fond même sur lequel il a brodé d'excellent es
leçons de morale est exact. Nous suivrons le récit qu'il a
laissé de l'enfance de Cyrus.

Perses. — La Perse, appelée dans l'Écriture *Elam*, du nom
de l'un des fils de Sem, s'étendait du nord au midi, depuis la
frontière de Médie jusqu'au golfe Persique. Elle était séparée
de la Babylonie par la Susiane au nord-ouest, et bornée à

l'est par la Carmanie. Les Perses avaient conservé des mœurs simples et frugales, des habitudes guerrières. Une éducation propre à faire des hommes robustes, à développer dans la jeunesse toutes les vertus civiles ; une discipline rigoureuse, des lois sages, de bonnes institutions, les rendaient bien supérieurs aux nations amollies ou énervées dont ils étaient environnés.

§ III. **Enfance et avènement de Cyrus.** — Élevé parmi les jeunes Perses comme s'il devait être leur égal, rompu de bonne heure à tous les exercices du corps, à la lutte, aux courses dans la montagne, aux fatigues de la chasse, ce premier apprentissage de la guerre, Cyrus devança ses compagnons par la rapidité de ses progrès. Sa mère, Mandane, lorsqu'il eut atteint l'âge de douze ans, le conduisit chez son grand-père Astyage, auquel tout ce qu'on rapportait des rares qualités de son petit-fils avait inspiré le plus vif désir de le voir. C'était transporter cet enfant dans un monde nouveau. La cour de Persépolis (ville capitale de la Perse) avait alors une simplicité qui répondait à la pauvreté et aux habitudes de tempérance de la nation : nulle magnificence dans les vêtements, dans la nourriture, dans les habitations. Celle d'Ecbatane offrait un spectacle bien différent. Cyrus fut surpris à la vue d'Astyage, vêtu de pourpre, orné de bracelets d'un grand prix, et dont les sourcils étaient peints. L'aspect des richesses étalées sous ses yeux ne changea point ses goûts. Les Perses ne connaissaient pas l'art de l'équitation, parce que la stérilité du pays ne permettait point d'y élever des chevaux, et qu'ils ne combattaient qu'à pied. Le jeune prince apprit en Médie à monter un cheval et à le gouverner. La vivacité de son esprit et les grâces de sa personne avaient entièrement captivé Astyage ; aussi lorsque la guerre provoquée par le fils de Nabuchodonosor éclata entre les Mèdes et les Babyloniens, Astyage associa-t-il son petit-fils Cyrus à son fils Cyaxare dans le commandement de ses armées. Les Babyloniens essuyèrent une défaite complète.

Cyrus, de retour en Perse, s'y montra tel qu'il en était sorti. A en croire Xénophon, il rentra dans l'école publique de Persépolis, où les jeunes Perses étaient élevés en commun. Après y être resté un an, il passa dans la classe des jeunes gens; pendant dix années, il s'exerça à tout ce qui a rapport à la guerre; il fut admis ensuite dans la classe des hommes faits dont on ne sortait qu'au bout de vingt-cinq ans, pour entrer dans celle des vieillards. Son grand-père *Astyage* mourut dans cet intervalle, 561. Cyrus se rendit auprès de son successeur *Cyaxare II*, afin de combattre, à la tête des forces réunies des Mèdes et des Perses, les Babyloniens et les Lydiens confédérés. Bien que le trône de Médie soit occupé par Cyaxare, Cyrus est dès cette époque le véritable chef des deux nations. Aussi est-ce au moment de la mort d'Astyage qu'Hérodote place son avénement, 561. Il disposait des forces militaires des deux empires, étant à la fois le seul homme capable de les défendre contre les ennemis qui les menaçaient et l'héritier naturel des deux souverains.

LECTURES A FAIRE.

Ouvrages principaux. Sources. — *Hérodote* a laissé, avons-nous dit, une *histoire de la lutte entre les Grecs et les Barbares* qui se divise en neuf livres; chacun d'eux a reçu le nom d'une muse. Dans le premier livre, *Clio*, se trouve l'histoire de Cyrus; dans le second, *Euterpe*, la première partie de l'histoire de Cambyse et une longue digression sur les Égyptiens où Hérodote rapporte tout ce que les prêtres lui ont dit de leur histoire, de leurs rois, de leur religion, de leurs usages et de leurs édifices; dans le livre III, *Thalie*, est exposée la seconde partie du règne de Cambyse et l'histoire de ses successeurs, jusqu'à la prise de Babylone par Darius, fils d'Hystaspe. — *Xénophon* naquit en Attique, 445 av. notre ère, et mourut à Corinthe en 355. Cicéron a dit que son style est plus doux que le miel, et que les muses ont parlé par la bouche de Xénophon. La *Cyropédie* est le tableau divisé en huit livres de l'éducation de Cyrus et de sa vie. L'auteur s'y est plus attaché à donner à ses compatriotes des leçons de politique et de morale qu'à raconter les faits avec exactitude; la raison qui nous a fait suivre de préférence son récit, c'est qu'il est le plus conforme à ce que nous apprennent les saintes Écritures sur cette période. — *Ctésias* :

les fragments de son histoire des Perses relatifs à Cyrus, dont nous avons rapporté la substance, se trouvent dans une vaste compilation laissée par le patriarche schismatique de Constantinople *Photius*, sous le titre de *Myriobiblon, Bibliothèque*.

OUVRAGES SECONDAIRES. — Les précis d'histoire que nous avons cités. La *Perse* par Louis Dubeux, 1841.

CHAPITRE XI

TABLEAU SOMMAIRE DES PRINCIPAUX ÉTATS DE L'ASIE OCCIDEN-
TALE A L'AVÉNEMENT DE CYRUS. — CONQUÊTES DE CYRUS.

SOMMAIRE

§ I. TABLEAU SOMMAIRE DES PRINCIPAUX ÉTATS DE L'ASIE OCCIDENTALE A
L'AVÉNEMENT DE CYRUS. — L'Asie partagée entre trois grands empires : 1º *l'empire des Mèdes*, dont la fortune se trouve associée par
Cyrus à celle des Perses, dès 561; 2º *l'empire Babylonien* ou *Assyrien :*
3º *l'empire Lydien.*
Situation de la Lydie et développement de sa prospérité sous les dynasties des Atyades, des Héraclides et des Mermnades. — Prépondérance de la Lydie sur l'Asie Mineure sous Crésus.
Puissance de *Crésus.* Ses richesses, ses possessions.

§ II. CONQUÊTES DE CYRUS, 561 à 529. — Maître de disposer des forces militaires de la Médie et de la Perse, Cyrus commence par soumettre les peuples voisins du Pont-Euxin et de la Caspienne.
Guerre avec la Lydie. — Crésus envahit la Cappadoce médique. Il est
défait à Thymbrée, 546. — *Prise de Sardes.* Conduite généreuse de
Cyrus envers le roi captif. — *Destruction de l'empire lydien.* — Soumission difficile des côtes de l'Asie-Mineure. Résistance héroïque
de quelques colonies grecques. Milet, qui était entrée dans l'alliance
des Perses, est épargnée.
Guerre avec l'empire Babylonien. — Il faut chercher les causes de cette
guerre, dans l'alliance des Babyloniens et des Lydiens contre Cyrus
et dans le souvenir d'anciennes luttes entre les Assyriens et les
Mèdes. — Le siége de Babylone dure deux ans. Cyrus s'introduit,
par le lit rendu guéable de l'Euphrate, dans la ville, 538. — *Fin de
l'empire Babylonien.*
Administration de l'empire. Il est divisé en *cent vingt satrapies.* —
A cette époque, 538, la mort de Cyaxare transforme en une royauté
nominale la royauté effective que Cyrus exerce depuis longtemps en
Médie comme en Perse.
Édit de Cyrus, 536. Cet édit accordé aux Perses fut provoqué par Da-
niel. — *Fin de la captivité de Babylone.*

Plusieurs versions sur la mort de Cyrus : Hérodote le fait mourir dans
une expédition contre les Massagètes; Ctésias, à la suite d'une conquête du pays des Derbics; Xénophon, occupé à administrer paisiblement ses États, 529.

Coutumes des Perses. — Éducation sévère des Perses. Les jeunes gens
sont de bonne heure préparés à la vie militaire par des exercices
qui développent leur vigueur, et à la vie civile par la pratique des
vertus : leur tempérance, leur respect pour la vérité, etc.

Religion. — Les Perses croyaient qu'il y a dans le monde deux principes, celui du bien, *Ormuzd* qu'ils adoraient sous la forme du feu,
celui du mal, *Ahriman.* Ils pensaient que tout ce que nous voyons
est l'effet de la lutte de ces deux principes, qu'Ormuzd finirait par
triompher, et qu'il fallait lui venir en aide en combattant avec lui
le mal, de tout son pouvoir.

Les principes de cette religion et de la morale qui en découle sont
exposés en langue zend dans le *Zend Avesta* (la parole vivante), attribué au legislateur *Zoroastre.*

**§ 1. Tableau sommaire des principaux États de l'Asie occi-
dentale à l'avénement de Cyrus**, 561. — Au moment où Cyrus
réunit sous son commandement les tribus des Perses, l'Asie
occidentale était partagée entre trois grands empires : 1° *l'empire des Mèdes*, qui s'étendait depuis l'Halys jusqu'à l'Indus,
comprenant un grand nombre de nations belliqueuses;
2° *l'empire babylonien* ou assyrien, qui comprenait la Susiane, la Chaldée, la Babylonie, la Mésopotamie ou Syrie des
rivières, et occupait un territoire taillé en bande longitudi-
nale partant du golfe Persique pour rejoindre la Méditerranée; 3° *l'empire des Lydiens*, maître de la plus grande
partie de l'Asie Mineure. Ce dernier empire était séparé de
la Médie par l'Halys.

La Lydie, située sur la côte occidentale de l'Asie Mineure,
est bornée au nord par la Mysie, à l'est par la Phrygie, au
sud par la Carie. Le Pactole, célèbre dans l'antiquité à cause
du sable mêlé de paillettes d'or que ses eaux roulaient en sortant du mont Tmolus, arrosait des plaines fertiles au milieu
desquelles Sardes, la capitale, et Magnésie, se distinguaient
par leur importance et par leurs richesses. D'un caractère
belliqueux, les Lydiens avaient su conserver leur indépen-

dance sous les dynasties nationales des *Atyades*, descendants
d'Atys, des *Héraclides*, descendants d'Hercule et d'Omphale,
et des *Mermnades*, que nous voyons successivement occuper
le trône depuis le XVIe siècle avant J.-C. jusqu'à l'apparition
de Cyrus.

Crésus. — Le roi de Lydie était alors Crésus, fils d'Alyatte,
sous lequel avait éclaté, entre les Lydiens et les Mèdes, cette
guerre à laquelle une éclipse de soleil était venue donner une
solution imprévue, en réconciliant les deux peuples. Crésus
se voyait maître d'un État puissant que les conquêtes de ses
prédécesseurs et les siennes avaient agrandi de la Mysie, de
la Carie, et de la Lycie, sur les bords de la mer Égée; de la
Pamphylie et de la Pisidie à l'est des précédentes; de la By-
thinie, le long de la Propontide; de la Paphlagonie, sur le
Pont-Euxin, et de la Phrygie, vaste contrée qui s'étendait
du détroit de l'Hélespont au nord-ouest jusqu'à la Cilicie au
sud-est. Il avait, en outre, des troupes aguerries, une cavalerie formidable. Les trésors du roi de Lydie avaient donné
naissance à un proverbe grec : riche comme Crésus.

§ II. **Conquêtes de Cyrus**, 561-536. — Cyrus, investi, depuis la mort d'Astyage, du commandement militaire des
Mèdes et des Perses, commença par introduire des changements dans la discipline et l'armement des armées. Il alla
jusqu'à interdire aux Perses l'exercice de l'arc et du javelot,
afin de les obliger, quand ils étaient en présence de l'ennemi,
à aller droit sur lui et à le combattre corps à corps. Rien ne
contribua davantage à leur donner l'avantage sur les peuples
asiatiques que la résolution que dénotait cette manière d'attaquer. La première épreuve de la supériorité des Perses fut
faite contre les Bactriens et les Saces, qui se soumirent. Le
roi d'Arménie, vassal de Cyaxare, croyant que ce prince était
opprimé dans ses États, avait pris les armes et prétendait
refuser le tribut à Cyrus. Tombé avec toute sa famille entre
les mains des Perses, il se trouva à la discrétion du vain-
queur, qui lui rendit la liberté ainsi qu'à tous les siens, ai-
mant mieux se l'attacher par des bienfaits que de se venger.
Les peuples voisins du mont Caucase et ceux qui habitent le

long du Pont-Euxin cédèrent aux armes de Cyrus, qui se trouva ainsi maître d'un empire immense dont la limite était marquée à l'ouest par le fleuve Halys.

Guerre avec Crésus. Bataille de Tymbrée en Phrygie, 546. — Ce fut alors que les États voisins commencèrent à s'inquiéter du développement nouveau donné à la puissance des Mèdes. Le roi de Babylone, Nériglissor, engagea la lutte qui devait être fatale à son empire ; lui-même fut défait et tué. Ses successeurs s'occupèrent à fortifier encore Babylone, car ils s'attendaient à être bientôt attaqués par le roi des Mèdes, qui, maître des sources de l'Euphrate, pouvait se transporter rapidement avec ses troupes près de la capitale. Crésus avait des appréhensions aussi grandes. Les deux empires conclurent entre eux une alliance étroite, se préparant l'un et l'autre à une guerre décisive. Crésus se croyant le plus fort ou le plus menacé prit l'offensive : il envahit la partie de la Cappadoce qu'il ne possédait point (la Ptérie, à l'est de l'Halys), et marcha à la rencontre des Perses. Le combat fut acharné : un grand nombre de combattants périrent des deux côtés, mais la nuit vint séparer les deux armées. Le roi de Lydie avait des troupes moins nombreuses que celles de Cyrus. Voyant que ce dernier ne gênait point sa retraite, il crut la campagne finie, et en rentrant à Sardes, il envoya des hérauts aux Babyloniens, aux Égyptiens et aux Lacédémoniens pour les engager à lui envoyer des renforts au printemps prochain.

Prise de Sardes. — L'activité de Cyrus prévint l'exécution de ces projets. Sachant que Crésus s'occupait à rassembler de nouvelles forces, il ne voulut pas lui laisser le temps de réparer ses pertes, envahit ses États et marcha sur sa capitale. La cavalerie lydienne vint à sa rencontre. La bataille s'engagea dans une plaine spacieuse traversée par l'Halys et par d'autres rivières qui se jettent dans l'Hermus. Un stratagème donna la victoire aux Perses. Les chevaux des Lydiens reculèrent devant les chameaux que Cyrus avait placés sur son front de bataille, ne pouvant supporter l'odeur fétide qu'exhalaient ces animaux. Il fallut que les Lydiens missent pied à terre ; là, ils perdaient leur avantage, et les Perses, habitués à ces combats corps à corps, reprenaient le leur. Les soldats de Crésus, après une vigoureuse résistance, lâchèrent pied et se réfugièrent à Sardes. — Le roi de Lydie espérait que le siége traînerait en longueur, car la ville était bien défendue ; mais un Marde de l'armée des Perses découvrit, du côté de la citadelle qu'on croyait inaccessible et que l'on avait négligé de garder, un sentier praticable. Cet homme avait vu un Lydien descendre de la citadelle par cet endroit pour ramasser son casque et remonter ensuite par le même chemin. Il suivit ses traces ; d'autres Perses montèrent après lui, puis une multitude d'hommes. Ainsi fut prise la ville de Sardes. — Hérodote raconte qu'un de ceux qui étaient entrés dans Sardes allait tuer Crésus sans le connaître, et sans que celui-ci, accablé par le poids de ses maux, fît rien pour échapper à la mort, quand le fils du roi, muet de naissance, transporté par la vue du danger que courait son père, se jette au-devant du Perse, et avec un effort qui lui rendit la voix : « Soldat, s'écrie-t-il, ne tue pas Crésus ! » Le dévouement de l'amour filial avait porté remède à une infirmité contre laquelle l'art était resté impuissant.

Les Perses menèrent Crésus prisonnier à leur chef. D'après le récit d'Hérodote, celui-ci ordonna qu'on le chargeât de fers et qu'on le conduisît sur un bûcher ; peut-être voulait-il éprouver le courage du Lydien. Crésus, au moment où l'on allait mettre la flamme au bûcher, se rappela ces paroles que Solon lui avait dites, étant venu le visiter à l'époque de sa prospérité : « Que nul ne peut se dire heureux tant qu'il respire encore. » A cette pensée, il sortit par un soupir du long silence qu'il avait gardé, et s'écria trois fois : Solon ! Solon ! Solon ! Cyrus est frappé de ce mot ; il interroge Crésus qui lui raconte que le philosophe athénien n'avait pas été ébloui de l'éclat dont brillait la cour de Lydie, et lui avait fait entendre ce qui devait arriver. Ces paroles font réfléchir Cyrus ; il pense à l'instabilité des grandeurs humaines qui peut atteindre un jour sa fortune, et, cédant à sa générosité naturelle, il ordonne qu'on ôte les fers au roi de Lydie, et en fait son ami et son conseiller. Il paraît certain, car sur ce point Xénophon est d'accord avec Hérodote, que Crésus fut traité avec douceur et vécut près du conquérant, qui prenait son avis dans toutes les entreprises importantes.

Soumission des côtes de l'Asie Mineure. Résistance des colonies grecques. — La soumission de la Lydie fut suivie d'une guerre contre les colonies grecques des côtes de l'Asie Mineure. Là florissaient de populeuses et riches cités qui avaient joui jusqu'alors, même sous l'autorité des rois de Lydie, d'une entière indépendance. Ces villes, glorieuses de l'éclat qu'elles devaient aux arts et aux lettres autant qu'aux produits de leur commerce et de leur industrie, refusèrent, à l'exception de Milet, de se soumettre aux conditions qui leur étaient offertes. Quelques-unes résistèrent avec héroïsme. Pour rester libres, des Phocéens montèrent sur leurs vaisseaux, après y avoir placé les statues de leurs dieux, et voguèrent vers la Corse, où vingt ans auparavant leurs compatriotes avaient bâti Alezia. Les Téiens suivirent cet exemple; ils allèrent en Thrace peupler et rebâtir Abdère. Les habitants de Xanthos, en Lycie, mirent le feu à leur ville, précipitèrent dans les flammes leurs femmes et leurs enfants, et se firent tous tuer jusqu'au dernier. Ce fut une longue et rude guerre. Cyrus en avait confié la direction à son général Harpagus. Elle aboutit à la soumission de l'Ionie; mais les vainqueurs durent ménager la susceptibilité de ces cités, filles de la Grèce et fières comme elle, afin d'obtenir qu'elles se résignassent à leur sort. Ils cherchèrent à énerver les esprits en les détournant, autant que cela pouvait dépendre d'eux, des occupations viriles et guerrières : c'est ainsi qu'on retira aux Lydiens leurs armes, qu'on leur défendit d'en fabriquer d'autres, et qu'on ne négligea rien pour leur faire prendre des mœurs efféminées. On y réussit bien vite; la mollesse lydienne devint célèbre après Crésus.

Prise de Babylone. Destruction de l'Empire babylonien, 538. — Pendant ce temps, Cyrus achevait la conquête de la haute Asie. Dégagé de tout embarras, il s'occupa de punir les Babyloniens de l'assistance qu'ils avaient donnée aux Lydiens.

Des deux côtés, on fit de grands préparatifs. En marchant contre Babylone, Cyrus s'arrêta sur les bords du Gyndès, affluent du Tigre, et passa tout l'été à faire creuser par son armée 180 canaux dans lesquels il détourna les eaux du fleuve pour fertiliser la contrée. Puis, au printemps suivant, après avoir réduit la capitale à ses seules forces par la soumission de tout le pays, il vint mettre le siége devant Babylone. Pendant deux ans, les assiégés bravèrent l'ennemi du haut de leurs murailles. Les grands travaux qu'ils lui voyaient faire dans le voisinage de l'Euphrate ne troublaient pas leur sécurité. Un jour qu'ils célébraient une fête, le roi Balthazar rassembla dans son palais tous les grands du royaume. Nous emprunterons aux livres saints le saisissant récit de ce dernier jour de Babylone :

D'après les ordres de Balthazar, « on apporta les vases d'or et d'argent du temple de Jérusalem qui était la maison de Dieu ; et le roi but dedans avec les grands de sa cour.

« Ils buvaient du vin et ils louaient leurs dieux d'or et d'argent, d'airain et de fer, de bois et de pierre. Au même moment on vit apparaître des doigts comme de la main d'un homme qui écrivait vis-à-vis du chandelier sur la muraille de la salle du roi ; et le roi voyait les mouvements des doigts de la main qui écrivait.

« Alors le visage du roi changea, son esprit fut saisi d'un grand trouble et dans son tremblement ses genoux se choquaient l'un l'autre.

« Le roi fit un grand cri, et ordonna qu'on fit venir les mages, les chaldéens, les augures ; et le roi prenant la parole dit aux sages de Babylone : « Quiconque lira cette écriture et me l'interprétera sera revêtu de la pourpre, aura un collier d'or au cou, et sera la troisième personne de mon royaume. » Mais tous les sages du roi étant venus devant lui ne purent ni lire cette écriture, ni lui en donner l'interprétation.

« Aussitôt on fit venir Daniel — et il lut ce qu'elle signifiait :

« O roi ! le Dieu très-puissant donna à Nabuchodonosor

votre père le royaume, la gloire et l'honneur, et à cause de cette grande puissance tous les peuples et toutes les nations, de quelques langues qu'ils fussent, le respectaient et tremblaient devant lui. Mais après que son cœur se fut élevé et que son esprit se fut affermi dans son orgueil, il fut chassé du trône, il perdit son royaume, et sa gloire lui fut ôtée. — Il fut même chassé de la société des enfants des hommes, et son cœur devint semblable à celui des bêtes. Et vous, Balthazar, qui êtes son fils, vous-même n'avez point humilié votre cœur, quoique vous sussiez toutes ces choses.

« Mais vous vous élevez contre le dominateur du ciel; vous avez fait apporter devant vous les vases de la maison sainte, et vous avez bu dedans des vins exquis, vous et les grands de la cour. Vous avez loué en même temps vos dieux d'argent et d'or, d'airain et de fer, de bois et de pierre qui ne voient point, qui n'entendent point, qui ne sentent point; et vous n'avez point rendu gloire au Dieu qui tient dans sa main votre âme et tous les moments de votre vie. C'est pourquoi Dieu a envoyé les doigts de cette main, qui a écrit ce qui est marqué sur la muraille.

« Or, voici ce qui est écrit : *Mané, Thécel, Pharès.*

« Et en voici l'interprétation : Dieu a compté les jours de votre règne et il en a marqué la fin.

« Vous avez été pesé dans la balance et on vous a trouvé trop léger. — Votre royaume a été divisé, et il a été donné aux Mèdes et aux Perses. —

« Alors Daniel fut vêtu de pourpre par l'ordre du roi : on lui mit au cou un collier d'or, et on fit publier qu'il aurait la puissance dans le royaume, comme en étant la troisième personne.

« Cette même nuit, Balthazar, roi des Chaldéens, fut tué. »

Cyrus avait détourné les eaux de l'Euphrate dans le lac Nitocris et dans le canal que ses troupes venaient de creuser, et il s'était introduit dans la ville par le lit du fleuve devenu guéable. Il avait compté, pour réussir, sur l'imprévoyance des habitants : si ceux-ci eussent fermé les portes d'airain qui s'ouvraient sur l'Euphrate, ils auraient pris toute l'armée perse, comme dans un filet, et l'auraient facilement détruite.

Administration de l'empire. Division en cent vingt satrapies. — Le premier soin de Cyrus, lorsqu'il se vit maître de la plus grande partie de l'Asie, fut de s'occuper de l'administration de l'immense empire formé par la réunion des empires babylonien, médique et persique. Cette organisation ne doit être considérée que comme un essai en quelque sorte provisoire, dans lequel on ne tint pas compte des analogies de race et des délimitations géographiques. Les cent vingt provinces entre lesquelles on divisa le territoire de l'empire eurent chacune à leur tête un gouverneur ou satrape. Trois intendants placés au-dessus d'eux leur transmettaient les ordres du grand roi. La conformité de Xénophon avec le témoignage des livres saints, fait honneur en cet endroit à l'exactitude de son histoire. Daniel fut du nombre des trois surintendants. La confiance et l'estime que lui portait Cyrus, l'amenèrent à s'enquérir des causes de l'état humiliant où les Juifs étaient réduits. Daniel répondit au prince en lui faisant connaître la haine que les Israélites portaient aux Babyloniens ; puis il lui montra la prophétie d'Isaïe écrite deux siècles auparavant au sujet de la mission qui lui était réservée.

Édit de Cyrus, 536. *Fin de la captivité de Babylone.* — Cyrus flatté de se voir accueilli comme un libérateur longtemps attendu, et trouvant d'ailleurs un intérêt politique à repeupler une province entière de ses États, publia un édit qui permettait aux Juifs de retourner dans leur pays et de rebâtir le temple de Salomon, avec ordre de leur rendre tous les vases d'or et d'argent que Nabuchodonosor en avait enlevés. Ils partirent sous la conduite de Zorobabel, au nombre de 42,360, nombre bien petit, comparé à celui des Juifs qui aimèrent mieux rester à Babylone que de rentrer au pays de leurs pères.

Par la mort de Cyaxare II, Cyrus venait de réunir sur sa tête les trois couronnes de Babylonie, de Médie et de Perse. Il jouit paisiblement du pouvoir pendant sept années. — Le même désaccord que nous avons eu à constater entre les historiens, lorsqu'ils racontent la naissance de ce prince se retrouve dans le récit qu'ils nous ont laissé de sa fin.

Selon Hérodote, il voulut soumettre les Massagètes, peuple barbare qui habitait sur la rive droite de l'Iaxartes (dans la Scythie asiastique, aujourd'hui Tartarie). — Il traverse le fleuve, dresse son camp, fait préparer un grand repas avec des vins en abondance, et, feignant de se retirer devant les Massagètes, laisse la garde du camp à des troupes incapables de le défendre. Les Massagètes 's'en emparent facilement, se jettent sur les viandes préparées, mangent et boivent avec excès. Habitués à une vie frugale, ils sont bien vite ivres et endormis. Cyrus revient alors, tombe sur les barbares dont il fait un grand massacre. Parmi les prisonniers se trouvait le fils de leur reine Tomyris. Ce jeune homme, lorsqu'il revint à lui, demanda qu'on lui déliât les mains : mais à peine se fut-on rendu à son désir, qu'il se frappa et se tua. Tomyris rassembla alors toutes ses forces et marcha contre les Perses. La bataille fut sanglante : elle se termina par la mort de Cyrus et la déroute de son armée. Tomyris ayant fait chercher le premier parmi les morts, maltraita son cadavre et en fit détacher la tête qu'elle plongea dans une outre pleine de sang humain : « Quoique vivante et victorieuse, dit-elle, tu m'as perdue en faisant périr mon fils ; mais je te rassasierai de sang, comme je t'en ai menacé. »

Dans le récit de Ctésias, Cyrus serait mort pendant une expédition victorieuse contre les Derbices, en Hyrcanie, des suites d'une blessure.

Xénophon le fait finir paisiblement occupé du soin d'administrer ses vastes États. Ils étaient bornés à l'E. par l'Inde ; au N. par le Pont-Euxin et la mer Caspienne ; au S. par la mer Érythrée ; à l'O. par la mer Égée. Cyrus avait désigné plusieurs villes pour la résidence royale. Il passait les sept mois de l'hiver à Babylone, les trois mois du printemps à Suse (dans la Susianne ou Khoristan), et les deux mois de l'été à Ecbatane, ce qui a fait dire qu'il jouissait d'un printemps perpétuel. Il mourut en Perse, aimé et regretté de ses sujets. — Cyrus n'a pas laissé derrière lui la seule gloire du conquérant ; il doit être considéré comme le meilleur des princes qui ont gouverné l'empire dont il a été le fondateur.

Coutumes et religion des Perses à l'époque de Cyrus. — Nous avons vu qu'à l'époque où Cyrus allait donner aux Perses l'empire de l'Asie, ce peuple ne ressemblait pas aux nations énervées qui l'entouraient. Les Mèdes eux-mêmes avaient adopté les usages des Assyriens ; leur roi se parait et se fardait comme une femme. Chez les Perses, au contraire, c'est la rude simplicité des mœurs antiques. Dans un pays pauvre et montagneux, les jouissances de la vie n'ont rien d'énervant et s'achètent au prix de continuelles fatigues. Les courses dans les montagnes, les exercices de la chasse et de la lutte préparaient d'excellents soldats. La Perse, il est vrai, manquait de cavalerie, mais son infanterie n'avait pas d'égale au monde. Une éducation austère rompait l'intelligence des jeunes gens à la pratique des sciences, et leurs corps à toutes les fatigues. Hérodote constate avec Xénophon, qui a sans doute idéalisé le tableau qu'il nous a laissé de leurs mœurs, le respect des Perses pour la vérité, l'horreur que leur inspirait le mensonge, leur amour pour la justice, leur tempérance, leur dévouement à la chose publique. Ces vertus avaient leur principe dans une éducation soignée et dans une religion plus pure que celles des autres nations de l'Asie.

Religion. — Le fond des croyances des Perses est exposé dans leur livre sacré, le *Zend Avesta* attribué au législateur Zoroastre, qui paraît avoir vécu sous Cyaxare Ier ou même plus anciennement. Il expose la lutte des deux principes : *Ormuzd*, le principe du bien et de la lumière, du feu immatériel, et de ses anges, contre le principe du mal, *Ahriman*, servi par des légions de démons. Tout ce qui est bien vient d'Ormuzd, tout ce qui est mal vient d'Ahriman. Un jour, après une lutte de douze mille ans, le mal vaincu par le bien disparaîtra ; ce sera la victoire d'Ormuzd. Le médiateur entre le bon et le mauvais génie était *Mithra* qui devint, dans la suite, le principal dieu des Perses. Les prêtres s'appelaient *mages*. Ils regardaient comme sacrés les éléments, et n'avaient ni temples, ni statues de dieux. Ils faisaient des sacrifices en plein air, en dressant des bûchers ; car ils adoraient Ormuzd dans la flamme qui, pure de souillure et dégagée de la matière, se dirige vers le ciel. Chacun, pour aider à la victoire d'Ormuzd, devait combattre le mal de tout son pouvoir. Telle était l'idée morale de cette religion que l'on avait surchargée de pratiques singulières et de superstitions pour frapper et entraîner l'esprit des masses. Dans la suite, le magisme ou culte du feu, se modifia au contact du polythéisme grec ; mais des populations entières lui restèrent fidèles : encore aujourd'hui il compte des sectateurs, *les Guèbres*, disséminés dans les provinces de l'empire perse.

La langue sacrée dans laquelle est écrit le livre de Zoroastre est le *Zend*. Dans la suite on parla *le pehlvi*.

Chez un peuple religieux, comme l'étaient les Perses au temps de Cyrus, les prêtres ou mages durent exercer une influence considérable. Elle avait été plus grande encore chez les Mèdes. — Les mages étaient les gardiens de la loi, les conseillers du monarque, sans être assez puissants toutefois pour apporter aucune entrave à l'accomplissement de la volonté royale. Le roi, source de toute force et de toute grâce, mandataire d'Ormuzd qui lui avait transmis ses pouvoirs sur la terre, était en possession d'une autorité sans borne. Cambyse consulta un jour les juges au sujet d'une action qui blessait les instincts moraux et les usages de la nation : il n'y a pas de loi qui l'autorise, répondirent-ils ; mais il y en a une qui permet au roi des Perses de faire tout ce qu'il veut. — Un tel despotisme n'eût été pour les peuples un bon gouvernement que dans le cas où les successeurs de Cyrus eussent tous ressemblé au fondateur de l'empire.

CHAPITRE XII

CAMBYSE. — CONQUÊTE DE L'ÉGYPTE. — AVÉNEMENT DE DARIUS,
FILS D'HYSTASPE.

SOMMAIRE

§ I. CAMBYSE, 529-521. — Sa haine contre son frère Smerdis ou Smeias. L'alliance que l'Égypte avait faite avec Crésus lui sert de prétexte pour y entreprendre la conquête de ce royaume.

§ II. CONQUÊTE DE L'ÉGYPTE, 525. — Cambyse fait un traité avec les Arabes, qui lui fournissent de l'eau et des guides. Combat sanglant livré à *Psammenit*, près de Memphis. Défaite des Égyptiens : prise de Memphis.

Après avoir éprouvé la force d'âme de Psammenit, Cambyse se montre disposé à le traiter avec douceur, mais des conspirations le décident à ordonner sa mort.

Expédition de Cambyse contre les Éthyopiens. — Il est obligé de se retirer après avoir perdu la plus grande partie de son armée. Il apprend que les troupes qu'il a envoyées contre les *Ammoniens* ont péri, et que les Phéniciens de sa flotte refusent de faire la guerre à Carthage.

Le reste de sa vie est une suite d'actes furieux. Il tue le bœuf Apis ; proscrit les prêtres Egyptiens, ordonne la mort de son frère Smerdis, blesse sa sœur, etc.

Un mage met à profit le mécontentement général et se fait proclamer sous le nom de *Smerdis*, Cambyse *meurt*, 521.

Le faux Smerdis. — L'usurpateur s'appuie sur les Mèdes et sur les mages. Les Perses voient passer l'influence et les fonctions politiques aux mains des Mèdes. Mais l'imposture du faux Smerdis est découverte, et il succombe dans une conspiration formée par sept seigneurs perses.

Magophonie.—La mort de Smerdis est suivie du massacre des mages,521.

§ III. AVÉNEMENT DE DARIUS, FILS D'HYSTASPE, 521. — Les conjurés reconnaisent pour roi l'un d'eux, Darius, fils d'Hystaspe, descendant. comme Cyrus, d'Achéménès.

§ I. **Cambyse**. — Cambyse, l'aîné des deux fils de Cyrus, succéda à son père. Le second fils, Smerdis, prit possession du gouvernement de la Bactriane et des provinces orientales de l'empire que Cyrus avant de mourir lui avait confiées en l'exemptant du tribut et en l'obligeant seulement à reconnaître la suprématie politique de Cambyse. Cet arrangement ne contenta aucun des deux frères : il fit naître entre eux une haine profonde qui devait nécessairement amener la perte de l'un ou de l'autre.

§ II. **Conquête de l'Égypte**, 525. — L'alliance de l'Égypte avec Crésus fournit à Cambyse un prétexte pour faire la guerre aux Égyptiens, dont le riche pays tentait son ambition. Phanès, grec d'Halicarnasse, qui avait eu à se plaindre d'Amasis et qui s'était enfui auprès de Cambyse, offrit à ce dernier de le guider dans son expédition. D'après ses conseils, Cambyse fit alliance avec les Arabes, qui s'engagèrent à fournir de l'eau et des guides à son armée. Le traité fut fidèlement exécuté ; les Perses traversèrent le désert et rencontrèrent les Égyptiens sur la bouche pélusienne du Nil. Les Grecs et les Cariens, auxiliaires de Psammenit, irrités de la trahison de Phanès, et comme pour se lier les uns aux autres dans la résistance qu'ils voulaient opposer, s'emparèrent des deux enfants de Phanès qu'il n'avait pu emmener avec lui lors de sa fuite à la cour de Cambyse, et les égorgèrent à la vue de leur père. Le sang des deux victimes, mêlé à l'eau et au vin, forma un horrible breuvage dont chaque soldat vint boire avant d'attaquer l'ennemi. Après une lutte sanglante, les Égyptiens vaincus se sauvèrent en désordre et s'enfermèrent dans Memphis. Cambyse leur envoya par le fleuve un parlementaire perse pour les engager à se rendre, mais ils le tuèrent ainsi que les hommes qui montaient la barque. Cette action barbare devait amener de terribles représailles. Après un long siége, Memphis fut obligée de se rendre.

Les Libyens, peuple limitrophe de l'Égypte, se soumirent sans combat, s'engagèrent à payer tribut et envoyèrent des présents aux vainqueurs. Les Cyrénéens et les Barcœens suivirent leur exemple.

Humiliation de Psammenit. Sa mort, 525. — Dix jours après la reddition du château de Memphis, Cambyse, pour humilier Psammenit, le fit venir avec un grand nombre d'Égyptiens dans un des faubourgs de la ville ; ensuite, il ordonna à la fille de ce prince de se vêtir comme une esclave et d'aller puiser de l'eau. Entourée d'une multitude de jeunes filles appartenant aux premières familles de l'Égypte, toutes vêtues de la même manière et astreintes à la même humiliation, la princesse et ses compagnes passèrent sous les yeux du malheureux roi, en versant des larmes et en poussant de longs gémissements. Ce spectacle émut toute l'assemblée. Seul, Psammenit baissa les yeux vers la terre et se tut ; puis vinrent son fils et 2,000 Égyptiens du même âge enchaînés par le cou, la bouche fermée d'un bâillon et marchant au supplice. Psammenit les vit passer, apprit le triste sort qui les attendait et conserva la même impassibilité. Les jeunes gens s'étant à leur tour éloignés, il arriva qu'un des anciens familiers du roi, homme d'un âge avancé, privé de tous ses biens et réduit à mendier quelques secours des soldats, fut aperçu de Psammenit et des Égyptiens assis à ses côtés. A sa vue, le fils d'Amasis éclata en sanglots : appelant à grands cris son ancien compagnon, il se frappait la tête de désespoir. Cambyse, instruit de ce qui se passait et surpris de la conduite de Psammenit, lui fit demander pour quelle raison il avait paru insensible au malheur de ses enfants, et pourquoi il honorait de ses regrets le sort beaucoup moins infortuné d'un homme qui n'appartenait pas à sa famille : « O fils de Cyrus, répondit Psammenit, mes malheurs domestiques sont trop grands pour être pleurés, mais le sort de mon ancien compagnon n'est pas au-dessus de mes larmes. De la prospérité et de l'abondance, il est tombé dans la misère, et sa vieillesse, qui ne fait que commencer, est condamnée à la mendicité. » Cette réponse parut sage à Cambyse, qui annonça l'intention de traiter Psammenit avec douceur, après avoir donné l'ordre qu'on lui enlevât ses fers. Peut-être aurait-il fini par lui rendre le gouvernement de l'Égypte, mais il apprit qu'il cherchait à soulever le pays contre les

Perses. Pour faire un exemple et couper court aux complots, Cambyse condamna l'ancien pharaon à boire un breuvage dans lequel on mêlait au sang de taureau un poison violent. Psammenit mourut sur-le-champ. Il avait régné 6 mois.

Expédition de Cambyse contre les Éthiopiens. — Cambyse, maître de l'Égypte [1], voulut entreprendre à la fois trois nouvelles expéditions : l'une contre les Carthaginois (au nord de l'Afrique), la seconde contre les Ammoniens (au sud de la Libye), et la troisième contre les Éthiopiens (au sud de l'Égypte, le long des côtes de la mer Rouge). La flotte était destinée à soumettre Carthage. Une armée de 50,000 hommes fut dirigée contre les Ammoniens. Avant de rien entreprendre contre les Éthiopiens, il envoya des espions à leur roi, sous prétexte de lui offrir des présents. Des Ichthyophages (peuples se nourrissant de poissons) qui parlaient la langue éthiopienne, furent chargés de cette mission. Aucun de ces projets n'eut une heureuse issue. Les Phéniciens, liés par serment avec les Carthaginois, refusèrent de conduire la flotte, et le reste des vaisseaux ne pouvant suffire à cette entreprise, l'expédition fut abandonnée. Le roi des Éthiopiens, en échange des présents qu'il reçut de Cambyse, lui envoya un arc qu'il détendit, en lui faisant dire que quand les Perses pourraient tendre facilement de semblables arcs, ils seraient en état de faire la guerre aux Éthiopiens Macrobiens, pourvu toutefois qu'ils vinssent en nombre supérieur.

Revers de Cambyse. — Cambyse répondit à ce défi en se mettant immédiatement en marche avec son armée, sans prendre les dispositions nécessaires pour mener à bonne fin une guerre aussi difficile, qui l'entraînait aux extrémités connues de la terre. Comme il avait négligé d'assurer la subsistance de ses troupes, il arriva que, n'ayant fait encore

---

1. Maître de l'Égypte, Cambyse semble, à cette époque, n'avoir rien négligé pour gagner l'affection des Égyptiens. Les monuments attestent qu'il adopta leurs usages et, en apparence du moins, jusqu'à leurs croyances. Il tint à paraître à leurs yeux non en conquérant, mais en pharaon, en roi national. Les rigueurs de Cambyse contre la caste sacerdotale l'ont rendu odieux aux prêtres qui, dans la suite, racontant son règne à Hérodote, ont pu charger la mémoire du conquérant d'actions cruelles et insensées qu'il n'a pas commises.

qu'une partie du chemin, les vivres lui manquèrent. L'armée se trouva alors dans un si horrible dénûment, qu'on vit des soldats tirer au sort pour savoir lequel d'entre eux servirait de nourriture aux autres. Cambyse comprit enfin qu'il fallait renoncer à cette conquête, et après avoir perdu beaucoup de monde, il revint à Thèbes dont il pilla les temples [1]. Quant au détachement de 50,000 hommes dirigé contre les Ammoniens, on ne sut que par ce peuple ce qu'il était devenu. D'après leur rapport, il aurait été assailli au milieu du désert par un vent impétueux qui souleva de tels tourbillons de sable, que l'armée fut engloutie et qu'elle disparut tout entière.

Cruauté de Cambyse.— S'il faut en croire Hérodote, la conduite de Cambyse, exaspéré par ces revers, n'aurait plus été qu'une suite d'actes de fureur ou de folie. Il arrive d'Éthiopie au moment où les Égyptiens célébraient une fête, car ils avaient trouvé le bœuf Apis. Ne doutant pas que leur joie ne soit causée par la nouvelle de l'insuccès de ses armes, il blesse le *dieu manifesté* et proscrit la race sacerdotale. Jaloux de son frère Smerdis, qui avait presque tendu l'arc du roi des Éthiopiens, il le fit tuer sous prétexte qu'il conspirait pour lui ravir la couronne. Il maltraita l'une de ses sœurs, au point qu'elle en mourut. Un jour, après un repas, il perça d'une flèche le cœur du fils d'un des grands de sa cour, parce que ce dernier, auquel il demandait ce que les Perses pensaient de lui, eut l'imprudence de lui répondre qu'ils lui reprochaient de s'adonner trop au vin, et qu'il voulait lui prouver que l'ivresse ne pouvait ni troubler son cerveau, ni faire trembler sa main.

Usurpation de Smerdis. Mort de Cambyse, 521. — Pendant son expédition en Égypte, Cambyse avait confié l'administration de sa maison à un mage nommé Patizithès. Le

1. On lit dans Diodore, qui raconte le fait d'après Ctésias : « Les objets richement travaillés en ivoire et en pierreries, que renfermaient les édifices de Thèbes, furent pillés par les Perses à l'époque où Cambyse incendia les temples de l'Égypte. On rapporte qu'il fit alors transporter ces dépouilles en Asie, et qu'il emmena avec lui des artisans égyptiens pour construire les palais royaux si célèbres. »

frère de ce mage ressemblait beaucoup au second fils de Cyrus et portait son nom. Comme le meurtre de Smerdis s'était accompli en secret, Patizithès fit passer son frère pour ce prince, et le fit proclamer roi dans toute la Perse. — A cette nouvelle, Cambyse furieux se dispose à marcher contre le rebelle; mais en montant à cheval il se blesse à la cuisse avec son épée. La blessure s'envenima, et vingt jours après il expirait dans une petite ville de la Syrie. Hérodote lui prête ces paroles au moment de mourir : « Je vous commande à vous tous et particulièrement aux nobles Achéménides ici présents de ne jamais souffrir que l'empire retombe aux mains des Mèdes. » Dans cette révolte de l'usurpateur soutenue par les prêtres, il voyait de la part des Mèdes une tentative pour ressaisir la prépondérance politique.

Le faux Smerdis. — Smerdis gouverna tranquillement pendant sept mois, répandant sur les peuples tributaires des bienfaits qui le firent regretter par eux; c'est ainsi qu'il les exempta pendant trois ans des impôts et du service militaire. Mais bientôt son imposture fut découverte. Une des femmes de Smerdis avait fait savoir à son père que le prince avait les oreilles coupées, et cet indice fit reconnaître le mage auquel Cyrus avait fait subir cette mutilation. Sept des principaux seigneurs de la Perse s'entendirent pour renverser l'usurpateur. Darius, fils d'Hystaspe, le chef du complot, les détermina à aller l'attaquer jusque dans son palais. Conduits par lui, ils se présentèrent auprès des gardes qui, à cause de leurs noms et de leur position, ne firent aucune difficulté pour les introduire; quant aux eunuques qui gardaient la cour, ils s'opposèrent à ce qu'ils pénétrassent plus avant. Les conjurés mirent l'épée à la main et se jetèrent sur eux.

Mort de Smerdis. Magophonie : (Massacre des mages). — Avertis par un fugitif, Smerdis et son frère défendirent bravement leur vie : mais ils succombèrent sous le nombre. Leurs têtes, jetées au peuple, l'instruisirent du mensonge dont il avait été dupe. Dans sa colère, il se mit à la recherche des mages qui avaient favorisé et soutenu l'imposteur. Tous ceux

que l'on rencontra furent mis à mort. La nuit seule mit fin
au massacre. L'anniversaire de cette journée fut fêté publi-
quement par les Perses, qui regardèrent la chute de Smerdis
comme une nouvelle victoire remportée sur les Mèdes dont
l'usurpateur aurait rétabli l'influence. Pendant toute la durée
de la fête, il n'était pas permis aux mages de paraître en
public.

§ III. **Avénement de Darius, fils d'Hystaspe**, 521. — Les
conjurés ayant délibéré sur le gouvernement qu'ils devaient
donner à la Perse, convinrent de nommer un roi et de le
prendre dans la race des descendants d'Achémenès, à laquelle
avait appartenu Cyrus. — Leur choix tomba sur l'un d'entre
eux, l'Achéménide Darius, fils d'Hystaspe.

CHAPITRE XIII

CONQUÊTES DE DARIUS. — ÉTENDUE ET DIVISIONS DE L'EMPIRE DES PERSES SOUS DARIUS. — ORIGINE DES GUERRES MÉDIQUES.

SOMMAIRE

Soulèvement des provinces de l'empire à l'avénement de *Darius*, attesté par les monuments anciens de la Perse.

517, *Révolte de Babylone.* — 515, dévouement de Zopyre. La ville est prise et ses murailles sont abattues.

La conséquence de la défaite des provinces révoltées fut l'établissement d'impôts réguliers.

§ I. CONQUÊTES DE DARIUS, 513-507. — Darius forme le projet de subjuguer les Scythes et peut-être de conquérir l'Europe.

Expédition contre les Scythes, 513, entreprise malgré les avis de son frère. — Les Scythes ravagent leur pays et se retirent devant les Perses, sachant bien que la famine les forcerait à se retirer, sans avoir pu trouver l'occasion de les combattre.

Darius ordonne la retraite : il était perdu, ainsi que toute son armée, si les Ioniens, chargés de la garde du pont sur l'Ister, eussent suivi le conseil que donnait Miltiade. L'avis d'Histiée prévalut.

Soumission de la Thrace.

Expédition en Cyrénaïque. — Prise de Barcé : les habitants de cette ville sont transportés en Bactriane.

Expédition dans l'Inde, 507. — Voyage ordonné par Darius pour reconnaître les côtes de la Sédrosie et de l'Arabie : expédition scientifique. — Soumission des Indiens à l'O. de l'Indus.

§ II. ÉTENDUE ET DIVISIONS DE L'EMPIRE DES PERSES. — Satrapies situées à l'O. de l'Euphrate, —entre l'Euphrate et le Tigre, —entre le Tigre et l'Indus.

A l'O. de l'Euphrate se trouvaient : — la *Lydie*. En Ionie, Phocée, Smyrne et Éphèse, etc.; — la *Carie*. En Doride, Halicarnasse; — *Mysie*. En Éolie, Cyzique; — la *Phrygie;* — la *Cappadoce;* — le *Pont;* — la *Paphlagonie:* Sinope ; — la *Bithynie;* — au S. la *Lycie*, la Pamphylie avec la Pisidie, la Cilicie; — au S.-O. des précédentes, la *Syrie*, la Phénicie et la Palestine; — à l'O. l'*Égypte.*

Entre l'Euphrate et le Tigre : — la *Babylonie;* — l'*Arménie.*

Entre le Tigre et l'Indus ; la *Perse:* Persépolis ; — la *Médie;* Ecbatane; — l'*Arie;* — la *Sogdiane;* — la *Bactriane.*

Entre la Perse, la Bactriane et l'Indus, — *trois satrapies.*

Administration ; — Finances de l'empire.

La division de l'empire en vingt satrapies conféra aux satrapes investis des fonctions administratives et militaires trop de puissance ; elle affaiblit l'autorité centrale qui pouvait seule donner à l'empire l'homogénéité et l'unité qui lui ont manqué.

§ III. ORIGINE DES GUERRES MÉDIQUES, 504. — *Le soulèvement des Grecs d'Asie* provoqué par Aristagoras, gouverneur de Milet, et l'*incendie de Sardes, par les Athéniens* unis aux Ioniens, décident Darius à faire la guerre aux Grecs d'Europe. — *Guerres médiques.*

Influence de l'art oriental, perse, phénicien ou assyrien, sur l'art grec.

Le règne de Darius, fils d'Hystaspe, fut un des plus agités de l'histoire des Perses. Ce prince eut d'abord à conquérir l'empire soulevé; et lorsqu'une suite de victoires eut mis fin sur tous les points à la résistance des satrapes et des nations qui avaient saisi une occasion qu'elles croyaient favorable pour recouvrer leur indépendance, ce prince, encouragé par tant de succès glorieux, se jeta, à l'exemple de Cambyse et de Cyrus, dans la voie des conquêtes.

Révoltes nombreuses dans l'empire. — Nous ne connaissons les soulèvements qui éclatèrent à l'avénement de Darius que par les inscriptions des monuments perses du Kurdistan. Là, entr'autres, se trouve une roche connue sous le nom de roche *Bi-Sutoun*, d'une hauteur de 465 mètres, sur les flancs de laquelle sont sculptées des figures colossales entourées d'inscriptions cunéiformes en si grand nombre, — qu'il faudrait, dit un voyageur, deux mois pour copier seulement les inscriptions et les figures. La lecture de plusieurs fragments de ces inscriptions a fait connaître les noms des chefs rebelles que Darius eut à combattre. Le roi est représenté dans un bas-relief recevant l'hommage des ennemis vaincus. Ce sont entre autres : le mage Gomatès; Athrina, qui se révolta en Susiane, et Naditabira de Babylonie. Voici un passage des inscriptions : « Un homme babylonien nommé Naditabira se révolta en Babylonie. Ainsi il dit en mentant

au peuple : « Je suis Nabuchodonosor, le fils de Nabonid. »
Alors le peuple babylonien tout entier passa à ce Naditabira…
Je marchai contre Babylone. Lorsque je fus venu à une ville
nommée Zazana sur l'Euphrate, Naditabira s'approcha avec
une armée. Nous livrâmes bataille. Ormuzd me prêta son
secours. Je tuai beaucoup de monde de l'armée de Naditabira… Ensuite, je pris Babylone et je tuai ce Naditabira. »

Révolte de Babylone, 517-515. *Dévouement de Zopyre.* —
Hérodote raconte ce siége de Babylone avec plus de détails.
Les habitants opposaient la plus énergique résistance. Un fait
donnera une idée de leur résolution désespérée et de leurs
mœurs : ils avaient égorgé le plus grand nombre des femmes,
afin d'être moins exposés à la famine. Vingt mois s'étaient
écoulés et Darius songeait à se retirer, lorsqu'un des sept
conjurés qui avaient trempé dans la révolution à laquelle il
devait son avénement, vint lui proposer de le rendre maître
de la ville. Ce seigneur se coupe le nez et les oreilles, se
couvre le corps de blessures, et se rend auprès des assiégés.
Il leur raconte que le roi, pour le punir d'avoir parlé en faveur des Babyloniens, l'avait mis en cet état ; il paraît n'avoir
qu'un désir, celui de se venger. Les Babyloniens lui donnent
le commandement des troupes avec lesquelles il défait l'ennemi. Pleins de confiance dans son zèle et dans ses talents,
ils le chargent alors de la garde des remparts. C'est à ce poste
qu'avait voulu arriver Zopyre. Il se hâte d'ouvrir les portes
à Darius, qui, se voyant maître de la ville, pour empêcher
qu'elle échappât une troisième fois à la domination perse, fit
abattre une partie de ses remparts. Si Zopyre avait commis
envers les Babyloniens un acte odieux de trahison, il avait
montré pour les intérêts de son souverain un dévouement
héroïque. Les historiens anciens ne paraissent avoir vu que
cette dernière partie de sa conduite, qu'ils louent sans réserve.

La prise de Babylone fut suivie de la défaite des révoltés de
Perse, de Susiane, de Médie, d'Assyrie, d'Arménie, de Parthie,
de Margiane, de Sattagydie et de la Scythie. Telle est, du
moins, l'énumération que donnent les inscriptions, et qui

montre combien d'efforts a dû faire Darius avant de s'affermir sur le trône ; mais la soumission de tant de peuples ne s'obtint pas sans grandes pertes d'hommes et d'argent. Les victoires des Perses eurent pour conséquences de modifier la situation des provinces et l'état des sujets. Le joug, léger sous Cyrus, fut appesanti. Des tributs déterminés furent imposés aux populations qui jusqu'alors n'avaient été astreintes qu'à offrir chaque année des dons volontaires, etc. Nous reviendrons plus loin, avec quelques détails, sur cette nouvelle organisation. — Après avoir livré dix-neuf combats que signalent les inscriptions, et emmené neuf rois captifs dont elles donnent les noms, Darius se trouva enfin paisible possesseur de l'empire. L'Asie occidentale et l'Égypte lui étaient soumises. Il songea à conquérir l'Europe.

§ II. **Conquêtes de Darius**, 513-507. *Expédition contre les Scythes*, 513. — Il partit de Suse, fit jeter un pont sur le Bosphore, en face de Chalcédoine, et se disposa à marcher contre les Scythes. Le souvenir de l'état d'oppression dans lequel ces peuples avaient tenu l'Asie sous Cyaxare devait rendre la guerre nationale. Darius voulait accomplir ce qu'aucun de ses prédécesseurs n'avait tenté, et, en vengeant l'Asie, faire expier aux barbares les cruautés et les brigandages qu'ils avaient commis. En vain, on lui représenta la pauvreté des Scythes, qui ne laissait aucune espérance de butin ; il resta sourd aux observations de son frère Artabane. Il traversa la Thrace, soumit les Gètes (sur la rive droite du Danube), et franchit l'Ister sur un pont de bateaux construit par les Ioniens, les Æoliens et les peuples voisins du Bosphore, auxquels fut confiée la garde de ce pont qui permettait le retour en Thrace. Le roi et son armée devaient reparaître avant 60 jours.

Retraite de Darius. — Mais il ne suffisait pas d'avoir une armée nombreuse pour vaincre les Scythes, il fallait qu'elle pût les atteindre. Les Scythes adoptèrent une tactique semblable à celle que les Parthes mettaient plus tard en pratique. Ils se retirèrent devant l'ennemi, le devançant toujours d'une journée de chemin, ravageant le pays, y détrui-sant les produits de la terre, comblant les puits et les fontaines. Puis ils envoyèrent au grand roi, pour le braver, un rat, une grenouille, un oiseau et cinq flèches. Ils lui faisaient entendre que si les Perses ne s'envolaient pas comme les oiseaux, s'ils ne se cachaient sous terre comme les rats ou dans l'eau comme les grenouilles, il périraient sous les flèches des Scythes. Cependant, les privations et la fatigue faisaient plus de victimes dans l'armée des Perses que les flèches des barbares. L'hiver approchait; Darius ordonna la retraite.

Conduite des Ioniens auxiliaires : Miltiade et Histiée. — Cette retraite faillit devenir impossible. Le délai demandé par Darius aux Ioniens pour garder le pont sur l'Ister (le Danube près de son embouchure porte plus particulièrement le nom d'Ister, qui a été souvent appliqué à tout son cours) était expiré. On délibéra si on ne romprait pas le pont, et si on ne se retirerait point, chacun dans son pays. Dans le cas où le conseil donné par Miltiade l'Athénien, tyran [1] de la Chersonèse de Thrace, eût été adopté par tous, c'en était fait de Darius et de son armée; ils tombaient, comme ils en avaient été menacés, sous les flèches des Scythes. Mais l'avis d'Histiée de Milet prévalut auprès des autres chefs. Il représenta que la mort de Darius ferait perdre aux Tyrans l'appui qu'ils trouvaient en ce prince, et que les villes s'empresseraient de ressaisir la liberté et de s'ériger en démocratie. On attendit donc le retour de Darius, qui laissa en Europe une armée de 80 mille hommes, sous le commandement de Megabyze, pour achever la conquête des côtes de l'Hellespont. Miltiade s'était enfui à Athènes, afin d'échapper à la vengeance du grand roi, qui n'aurait pas manqué de le punir du conseil qu'il avait donné aux Ioniens. Megabyze s'empara de Périnthe (Erekli, en ruines) et de Byzance (Constantinople) dont la possession le rendait maître du passage du Bosphore de Thrace (canal de Constantinople). Darius n'avait pas, il

---

1. Le mot tyran n'avait pas chez les Grecs le sens que nous lui donnons dans notre langue. Il s'appliquait à un homme qui exerçait le pouvoir après s'en être emparé. D'ailleurs, plus d'un tyran se rendit recommandable par la douceur et la sagesse de son gouvernement.

est vrai, subjugué les Scythes, mais la Thrace était soumise, il avait pris pied en Europe; c'était un commencement de conquête qu'il poursuivra prochainement dans cette partie du monde. Dans le moment, d'autres soins absorbaient son attention : il avait ordonné deux expéditions aux extrémités de son empire.

Expédition en Cyrénaïque. Prise de Barcé. — L'une entra en Cyrénaïque (partie occidentale du royaume de Tripoli), pays qui était en proie depuis longtemps à des divisions intestines. Les Perses intervenaient pour venger la mort du roi Arcésilas, tué à Barcé par des exilés. Ils mirent le siége devant cette ville, qui, après un long siége, se décida à ouvrir ses portes, sur la promesse qu'on se contenterait d'exiger des habitants un tribut. Mais les Perses, violant la foi jurée, laissèrent la mère d'Arcésilas exercer d'effroyables vengeances sur ceux qu'elle soupçonnait d'avoir pris part à la mort de son fils. Le reste des habitants, réduits en esclavage, furent envoyés par Darius en Bactriane, où ils fondèrent une autre ville du nom de Barcé.

Conquête d'une partie de l'Inde, 507. — L'autre expédition se fit contre les Indiens. Une flotte, partie de la ville de Caspatyre, sur les bords de l'Indus, descendit le fleuve jusqu'à la mer; puis, conduite par Scylax, elle arriva, après trente mois de navigation, à l'extrémité de la mer Rouge, au port même d'où partirent, par l'ordre de Néchao, les navigateurs phéniciens qui firent le tour de l'Afrique. La flotte des Perses avait reconnu les côtes méridionales de la Gédrosie et de la péninsule Arabique. Darius soumit les Indiens. Ainsi l'Asie, à l'exception des contrées à l'ouest de l'Indus, fut connue et fut soumise au grand roi.

C'est le moment où l'Empire des Perses est parvenu à l'apogée de sa puissance. Nous allons en faire connaître l'organisation et les divisions administratives.

§ II. Étendue et divisions de l'empire des Perses. — L'empire Perse sous Darius, était borné au N. par le Pont-Euxin (mer Noire), le mont Caucase et la mer Caspienne; à l'E. par l'Iaxarte (le Sihoun) et l'Indus ; au S. par la mer

Érythrée (mer des Indes), les sables de l'Arabie et de l'Ethio-
pie (Nubie et Abyssinie); à l'O. par le désert de Libye
(principauté de Tripoli) et la Méditerranée. Géographique-
ment, il était divisé par l'Euphrate en deux parties, comprenant chacune un certain nombre de satrapies : 1° l'Asie
occidentale, bornée à l'E. par l'Euphrate, où se trouvaient la
presqu'île de l'Asie Mineure (aujourd'hui Anatolie, ou Turquie d'Asie), la Syrie, la Phénicie et les contrées à l'occident
de la Phénicie; — 2° l'Asie orientale, formée des pays placés
entre l'Euphrate à l'O. et l'Indus à l'E.

Les satrapies, provinces gouvernées chacune par un satrape, à l'O. de l'Euphrate, étaient *la Lydie*, la plus riche
de l'Asie Mineure et la plus importante. Elle avait Sardes
pour capitale. Lorsque les rois venaient dans l'Asie Mineure, ils
résidaient dans cette ville située au milieu d'une vaste plaine
traversée par le Méandre. La côte de cette riche contrée était
couverte de colonies grecques issues de la race Ionienne : elle
est connue sous la dénomination *d'Ionie*, bien qu'elle fût comprise dans la satrapie de Lydie. Douze de ces villes, parmi lesquelles on distingue *Phocée*, *Smyrne et Éphèse*, formaient
dans un espace d'environ quarante lieues, une chaîne presque
continue d'établissements et d'édifices qui étalaient déjà sur la
mer, aux yeux de l'étranger, la fertilité et les richesses de ces
contrées[1]. Favorisées par leur position, ces villes partagèrent
avec la Phénicie le privilége d'être les grands marchés du
commerce asiatique et Européen. — *La Carie* au S. L'échelle
des villes grecques commerçantes descendait le long de la
satrapie de Carie. La partie N. de la côte était occupée par les
Ioniens de Milet, etc.; le S. ainsi que l'île de Rhodes par des
Grecs de race Dorienne; aussi donna-t-on à cette contrée à laquelle appartenait Halicarnasse le nom de *Doride* ; —la *Mysie*,
au N. de la Lydie. Son littoral était occupé par des Grecs d'origine Eolienne, d'où son nom *d'Éolie*; *Cyzique*, colonie de
Milet, en était la ville principale. — La *Phrygie*, qui embrassait
les pays appelé plus tard Galatie, avait pour chef-lieu *Celènes*.

---

1. Heeren, *De la politique et du commerce des peuples de l'antiquité*, t. 1.

Cette satrapie comprenait aussi la *Cappadoce* au S.-E. en partie couverte par de hautes steppes. Le plus grand nombre des habitants vivant du produit des troupeaux occupaient des bourgs; —le *Pont* sur les côtes de la mer, du *Pont-Euxin*; — la *Paphlagonie* à l'O. du Pont dont elle était séparée par l'*Halys*, avait une cavalerie regardée comme la meilleure de l'Asie. La florissante *Sinope*, colonie de Milet, lui appartenait. — La *Bithynie*, à l'O. sur la Propontide (mer de Marmara), pays fertile, riche en pâturages. De grandes forêts se prolongeaient sur la côte, et fournissaient beaucoup de bois excellent pour la construction des vaisseaux employés par les habitants de la colonie grecque d'*Héraclée*.

La côte méridionale de l'Asie Mineure embrassait la *Lycie*, la *Pamphylie* avec la *Pisidie* et la *Cilicie*; tous ces pays traversés par de hautes montagnes, car c'est en Lycie que commence la chaîne du Taurus. De ces peuples les plus rapprochés de la mer et les plus civilisés étaient les Lyciens.

La *Syrie*, la *Phénicie* et la *Palestine* formaient une seule satrapie. Les villes principales de la Syrie, situées entre l'Euphrate et la Méditerranée, étaient : *Damas, Emèse, Héliopolis* (Baalbeck), *Palmyre* dans le désert. — La *Phénicie*, pays de montagne le long de la côte, était bornée à l'E. par la mer Liban et l'anti-Liban, au S. par la Palestine dont les principales montagnes, le Thabor et le Carmel, sont des rameaux détachés de l'anti-Liban.

Au S.-O. de la Palestine était *l'Égypte*. Les *Libyens* à l'O., les *Éthiopiens* au S. ne doivent pas être compris dans le territoire de l'empire, mais ils payaient probablement tribut et fournissaient en temps de guerre des secours en hommes.

Entre l'Euphrate et le Tigre, étaient : la satrapie de *Babylonie*, la plus riche de toutes, séparée par le mur médique de la *Mésopotamie* ou *Syrie des rivières* qui dépendait de la satrapie de Syrie; *l'Arménie*, au N. de la Mésopotamie, pays de montagnes, fournissait un tribut de 20,000 chevaux.

Entre le Tigre et l'Indus, se trouvaient les satrapies suivantes: la *Perse*, exempte d'impôt. Les habitants offraient un don gratuit. Au N., pays très-montagneux et presque sauvage, une plaine fertile dans le milieu ; au midi, terrain sablonneux ; *Persépolis*, une des capitales de l'empire, était resté le lieu de sépulture des rois. Pour se rendre de Persépolis à Suse, une des résidences royales, ou à Babylone, il fallait traverser la *Susianne* dont les montagnes servaient de refuge inaccessible à des tribus guerrières qui rançonnaient le roi lui-même et lui faisaient payer le péage du désert. — La *Médie* (Irak-Ajami) au N. de la Susianne, grande et fertile contrée, montagneuse vers le nord. Là se trouvait *Ecbatane*, etc.—On avait formé des régions montagneuses placées au N. de la Médie, et occupées par les *Topuriens* et les *Mardes*, une satrapie qui avait pour limites le Caucase et la mer Caspienne. — *L'Arie* (Khorassan) à l'E. de la Médie, pays de pâturages. A cette satrapie appartenait le pays des Parthes au N.-E., sauvage et montagneux dont le peuple devait venir à son tour conquérant ; — la *Sogdiane* entre l'Oxus et l'Iaxarte, la plus septentrionale des satrapies. Sa ville principale était Maracanda (Samarcande). — La *Bactriane*, Tartarie indépendante au S. du pays des Sogdiens, sur le bord méridional de l'Oxus, contrée très-commerçante et très-riche : sa position géographique sur le passage de la Médie à l'Inde septentrionale et à la Chine, en a fait dès l'antiquité un des principaux centres du commerce des nations.

Entre la Perse, la Bactriane et l'Indus, il y avait trois satrapies formées de contrées récemment soumises, et parmi lesquelles nous signalerons : sur les côtes du golfe Persique, la *Carmanie* (Kerman) en partie fertile, en partie déserte ; — sur les côtes de la mer Érythrée, la *Gédrosie* (Mekran) à l'E. de la Carmanie, habitée par les *Ichthyophages* ; — *l'Arachosie* située au N. de la Gédrosie : la partie septentrionale de cette contrée, était bornée par les monts Paropamisus.

Administration. Finances de l'empire — Telles étaient les divisions de l'empire des Perses sous Darius. Le nombre des satrapies avait été réduit de 120 à 20. Donnons quelques détails sur leur administration.— Avant Darius, la situation des peuples soumis était très-douce. On leur laissait leurs lois, leurs coutumes, et jusqu'à la disposition de leurs finances.

Les révoltes qui avaient marqué le commencement du règne modifièrent cette situation, en même temps que les grandes guerres entreprises par Darius durent obliger ce prince à établir de nouveaux impôts et à fixer la part de contribution aux charges publiques de chaque province. Un intérêt fiscal fut, à vrai dire, le principal objet de la nouvelle division de l'empire. Le satrape prélevait l'impôt et en envoyait le montant au grand roi. Il était chargé, en outre, de tous les soins de l'administration, entre autres de veiller à la bonne culture des terres, selon le précepte d'*Ormuzd* et d'après une excellente coutume de la Perse qui imposait au monarque l'obligation de regarder la protection de l'agriculture comme le premier de ses devoirs. Des courriers établis dans toutes les parties de l'empire assuraient la promptitude des relations du grand roi avec les satrapes et la rapide transmission de ses ordres. On percevait la plus grande partie des impôts en nature : c'est ainsi que l'Arménie et la Médie fournissaient des chevaux, l'Égypte du blé; l'argent prélevé par l'impôt, et qui montait à environ 80 millions de notre monnaie, était déposé en lingots dans le trésor des villes capitales. Il ne paraît pas qu'on ait monnayé pour l'usage intérieur; on ne frappait de *Dariques* (monnaie d'or des Perses) que ce qui était nécessaire aux usages du commerce extérieur et à la solde des mercenaires ou des alliés, Phéniciens et autres. Du reste, les plus anciennes monnaies d'or que nous connaissions viennent de l'Asie, et notamment de la Lydie et de la florissante Cysique. On a lu sur quelques-unes le nom de Crésus (d'où leur nom de *Créseïdes*); sur d'autres, celui du conquérant Cyrus.

Dangers qui résultèrent pour l'empire de la nouvelle organisation. — La nouvelle division de l'empire en 20, et dans la suite en 25 satrapies, eut d'abord pour résultat de rendre l'action du gouvernement central plus prompte, et de mettre plus d'ensemble, plus d'unité dans l'administration. Les satrapes ayant été investis du pouvoir militaire en même temps que de l'autorité civile, se trouvèrent assez forts pour rendre désormais impossibles les soulèvements des peuples, mais cette puissance excessive fut dans la suite une cause d'affaiblissement pour l'empire. Sous des princes qui ne s'occupaient pas de l'administration de l'État, les gouverneurs cherchèrent à se rendre à peu près indépendants. Le pouvoir dont ils étaient en possession les rendait redoutables même au souverain. Un autre inconvénient fut que les provinces devinrent étrangères les unes aux autres, chaque satrapie n'obéissant qu'à son chef particulier, et l'autorité centrale du souverain n'étant pas assez grande pour établir un lien puissant entre les parties de l'empire. L'empire perse n'a jamais formé un ensemble homogène et compacte. C'est ce défaut d'unité, plus encore que l'incapacité de ses rois, qui a causé sa faiblesse dans ses luttes contre la Grèce, et plus tard sa ruine.

§ III. **Origine des guerres médiques.** — Darius venait d'étendre ses possessions; — en Europe, par la conquête de la Thrace; en Afrique, par la prise de Barcé, ville de la Cyrénaïque; à l'orient, par la soumission des peuples qui habitent à l'ouest de l'Indus. Des circonstances dont il était impossible de prévoir les suites le décidèrent à diriger une nouvelle expédition sur l'Europe.

Soulèvement des Ioniens. Incendie de Sardes, 504. — Aristagoras, gouverneur de Milet, avait entrepris de conquérir pour le roi de Perse, l'île de Naxos et les îles qui en dépendaient : il échoua dans cette tentative. Comme il l'avait faite sans ordre, et que le succès seul aurait pu justifier son audace, il craignit le ressentiment de son maître, et crut que le seul moyen d'y échapper était de provoquer un soulèvement des villes grecques de l'Asie Mineure. Histiée, son parent, le seconda secrètement dans ses efforts : il voulait quitter la cour de Suse où il était retenu par la faveur royale, et recouvrer sa liberté en allant rejoindre Aristagoras; ce qu'il fit, du reste, dans la suite. Milet et plusieurs villes grecques d'Asie se déclarèrent indépendantes. Pendant que la révolte s'étendait en Ionie, Aristagoras parcourait les villes grecques du continent, afin d'en obtenir des secours. Les Lacédémoniens refusèrent de l'entendre; mais les Athéniens, trompés par ses récits et séduits par ses promesses, envoyèrent 20 vaisseaux au secours de Milet. Aristagoras fit débarquer les alliés sur les côtes, le plus près possible de Sardes, et les dirigea contre cette capitale, qui, surprise par une si brusque attaque, n'opposa aucune résistance. La garnison s'était enfermée dans la citadelle. Les Athéniens, en se retirant, pillèrent les faubourgs; un soldat mit le feu à une maison, et dans une ville où la plupart des constructions étaient en bois et les autres couvertes de roseaux, l'incendie, gagnant de proche en proche, consuma jusqu'au temple vénéré de Cybèle. La plus grande partie de la ville fut détruite.—Les Ioniens, poursuivis par les Perses et les Lydiens, s'étaient réfugiés à Éphèse; là, ils furent atteints et battus. Les Athéniens, découragés, remontèrent sur leurs navires et retournèrent en Attique.

Cette attaque violente, faite sans motif, et suivie de l'incendie d'une des capitales de la Perse, exaspéra le roi Darius. Il s'inquiéta peu des Ioniens, sachant que leur révolte ne resterait pas impunie, mais il s'informa quel peuple étaient les Athéniens. Quand il l'eut appris, il demanda son arc, y mit une flèche, et la tirant vers le ciel : « O Jupiter! s'écria-t-il, puissé-je me venger des Athéniens! » Il ordonna ensuite à un de ses officiers de lui répéter à trois reprises, toutes les fois qu'on lui servirait à dîner : « Seigneur, souvenez-vous des Athéniens. »

Défaite des Grecs d'Asie. Soumission de l'Ionie, 501. — Les Ioniens avaient entraîné dans la révolte les villes de Carie, s'étaient emparés de Byzance et des villes de l'Hellespont, et avaient reçu des secours de l'île de Chypre, alors soulevée contre Darius, 501. Mais les Perses reprirent partout l'avantage. La défaite des Cariens et des Cypriotes fut suivie d'une grande bataille navale près de l'île de Lada, où la trahison des Samiens causa la défaite des Ioniens. Milet tomba au pouvoir des Perses, qui en transportèrent les habitants à Ampé, à l'embouchure du Tigre. Les autres villes et les îles du littoral subirent le même sort. La haine des alliés de Darius, et particulièrement des Phéniciens, jaloux de la prospérité commerciale et des richesses de l'Ionie, se signala par des actes de cruauté sans nombre. Quant aux auteurs du soulèvement de l'Ionie, Aristagoras et Histiée, le premier fut tué en Thrace, où il s'était lâchement réfugié ; le second, Histiée, ayant été pris, le satrape Artapherne donna ordre de le mettre en croix.

L'Ionie était soumise. Darius chargea son gendre Mardonius de conduire une armée et une flotte en Grèce, 492. Ici commencent les *guerres médiques*, ainsi nommées parce qu'elles furent faites contre les Grecs par les Perses et les *Mèdes* réunis.

Influence de l'art oriental phénicien, perse ou assyrien sur l'art grec. — C'est une grande question pour un pays comme la France, dont la supériorité dans les arts sur toutes les nations du monde est admise sans contestation, que celle de l'origine de l'art. Nous sommes les élèves de la Grèce ; nous avons reçu des Grecs les principes du beau, et nos statues et nos monuments sont des œuvres inspirées par l'étude des chefs-d'œuvre qu'ils nous ont légués. Mais à quel peuple de l'antiquité les Grecs eux-mêmes avaient-ils emprunté les principes des arts qu'ils ont portés à la perfection ? Pendant longtemps, on a cru que leur éducation artistique avait été faite par l'Égypte. L'Égypte, il faut bien le reconnaître, a été un peu la Chine du monde ancien, un pays fermé aux autres peuples, et dont l'influence civilisatrice fut au dehors moins grande que la puissance. Ce n'est pas qu'on ne puisse remarquer, comme nous l'avons constaté dans un chapitre précédent, entre le dessin des plus anciennes figures dites étrusques et celui des figures égyptiennes, une certaine analogie : mais l'analogie est bien plus grande avec les figures assyriennes et perses. On a reconnu ce fait à mesure que les monuments asiatiques ont été découverts, étudiés et recueillis. Par là s'est trouvée démontrée l'exactitude des récits d'Hérodote, qui jettent d'ailleurs tant de lumière sur l'Orient. Plus on étudie l'Asie, plus on reconnaît la véracité du vieil et admirable historien. Il montre les relations fréquentes qui s'établirent entre les Grecs et les Asiatiques à des époques reculées, bien antérieures au siége de Troie. Ce sont les Asiatiques qui ont transmis aux Grecs les principes de l'art. Parmi ces peuples, le plus ancien et le plus puissant fut le peuple Assyrien. L'art chez les Phéniciens, qui construisirent le temple de Salomon, chez les Lydiens de Crésus, dans les villes grecques de l'Asie Mineure, dans les îles, à Chypre par exemple, fut une dérivation de l'art assyrien. Les Phéniciens, en lui donnant un caractère particulier, l'ont porté avec eux dans les pays étrangers où s'établirent leurs florissantes colonies. Ainsi s'explique la singulière et évidente analogie qui existe entre les monuments de la Phénicie, de l'Assyrie, de la Perse, et avec les plus anciens monuments connus de la Grèce, tels que les vases grecs appelés improprement étrusques. Sur un miroir de ce style, M. de Witte signalait, il y a 20 ans, un nom qui ne se trouve cité que par le prophète Ézéchiel. Comment expliquer sa présence sur un miroir étrusque, si on n'admet pas que l'artiste grec a copié, comme c'était l'usage à cette époque dans son pays, un miroir phénicien ou juif?

Les Perses, étrangers aux arts lorsqu'ils prirent Babylone, imitèrent les monuments et les statues qu'ils trouvèrent à Ecbatane et sur le territoire conquis : mais l'imitation ne fut pas servile. On remarque dans leurs ouvrages une élégance et une finesse de détails qui manquent à ceux de Ninive et qui purent servir de modèles aux Grecs. L'art perse est donc celui qui paraît le plus se rapprocher dans l'antiquité de l'art grec, celui dont les Grecs se sont le plus inspirés, en lui donnant toutes les qualités de leur sensibilité si vive, de leur imagination si ingénieuse, de leur goût si sûr.

LECTURES A FAIRE.

Ouvrages principaux. — Sources. — Hérodote. Le commencement de l'histoire de Darius se trouve dans le livre troisième, intitulé : *Thalie*, de son *Histoire:* la suite, dans les livres quatrième, cinquième et sixième, qui portent les noms des muses *Melpomène, Terpsichore* et *Erato*. On raconte qu'ayant écrit les neuf livres de son histoire, qui comprend la lutte des Grecs et des Perses jusqu'à la fuite de Xercès, Hérodote en fit lecture aux Grecs réunis aux jeux Olympiques, et que ceux-ci y trouvèrent tant de charmes et de grâces que, pour reconnaître dignement leur mérite, ils leur donnèrent les noms des Muses, déesses qui, dans les croyances des anciens, présidaient aux sciences et aux arts. Bossuet, dans son *Discours sur l'histoire universelle*, appelle Hérodote *le grand historien*. Ses ouvrages sont à peu près les seuls qui nous fournissent des lumières sur l'histoire de Darius, fils d'Hystape. — On peut lire cependant avec fruit, dans l'*Ancien Testament*, les livres d'*Esdras* et de *Néhémie;* mais surtout le livre d'*Esther*, attribué à Mardochée, oncle de cette reine, qui présente un tableau fidèle de la cour de Perse et de la manière d'y vivre. Le roi Assuérus, dont parle le livre d'Esther, paraît être le même que Darius, fils d'Hystape.

NOTES SUR L'ÉTAT ACTUEL DE LA PERSE. — LES RUINES DE PERSÉPOLIS.

Nous empruntons à la relation d'un voyageur français, qui a eu le courage d'aller s'établir sous la tente, pendant trois mois, au milieu des ruines, pour en relever le dessin et en copier les inscriptions, quelques passages relatifs aux ruines de Persépolis. Les sculptures colossales qu'on y rencontre, ressemblent beaucoup aux colosses et aux taureaux ailés de l'Assyrie, mais l'architecture Perse a un caractère d'élégance qui lui est propre : nous laisserons parler M. Flandin. « Les restes du magnifique palais d'où Darius vaincu et fugitif, s'échappa pour aller mourir sous le poignard d'un traître, sont disséminés sur un immense plateau qui domine la plaine de Merdâcht. Certes, ils sont peu de chose aujourd'hui, comparés à ce qu'ils devaient être au temps du dernier prince qui s'abrita sous leur faîte royal. Cependant ce qu'on en retrouve excite encore l'étonnement et inspire un sentiment de religieuse admiration pour une civilisation qui a su créer de si pompeux monuments, leur imprime un tel caractère de gandeur et leur donne une solidité qui a permis aux parties les plus importantes de résister jusqu'à nos jours à travers vingt-deux siècles et tant de révolutions qui ont dévasté la Perse. Tout est grand et saisissant, d'ailleurs dans l'austère paysage qui sert d'encadrement aux ruines de Tâkht-i-Djemchid, le palais de Djemchid : l'immensité de la plaine qui domine l'antique palais, les lignes majestueuses des montagnes dont l'aspect change à chaque pas, la pureté de l'atmosphère, l'azur du ciel profond et jusqu'au silence de ces lieux inhabités. Rien ne peut donner une idée de cet ensemble solennel que découvre le voyageur placé devant le plateau de Persépolis. En face de lui, il a le palais des rois, ruiné, désert, s'abaissant, pour ainsi dire, de la montagne vers la plaine verdoyante; la longue muraille coupée par un gigantesque escalier à rampe double ; en haut, un large groupe de colonnes élégantes qui soutiennent encore quelques débris de leurs chapiteaux aériens ; à gauche, des piliers massifs sur lesquels se détachent les colosses imposants qui gardaient autrefois l'entrée de la demeure royale ; — à droite, d'autres palais en ruines, dont les murs sculptés se détachent d'abord en noir dans un milieu lumineux, puis se colorent peu à peu à sous les rayons d'un ;soleil ardent. Au fond, entre les colonnes, l'œil découvre encore des ruines, des masses de pierres couvertes de signes symboliques, et dans la brume bleuâtre de cette atmosphère tranquille, on aperçoit des tombes creusées sur le flanc de la montagne, qui sert de fond à ce théâtre imposant.» Flandin, *Voyage archéologique en Perse*, Revue des Deux Mondes, 1850.

— M. Flandin admire surtout dans le monument de Persépolis, la grandeur des masses et la finesse des détails, l'élégance et le bon goût des figures et des ornements, l'heureux mélange de l'architecture et de la sculpture, inséparables l'un de l'autre, se prêtant un mutuel concours ; « on y voit partout, dit-il, la main du sculpteur. Les murs épais des portiques ou les rampes des escaliers comme les jambages des portes, lui ont fourni de grandes assises de pierre d'un beau poli, sur lesquelles il a pu exécuter ces colosses des portiques ou ces élégantes figures qui peupleront encore, pendant des siècles, ces solitudes. »

La Perse a aujourd'hui comme autrefois des adorateurs du feu. M. Flandin raconte une rencontre qu'il fit dans une hypogée (*sous terre*, tombeau,) de Persépolis. Entre autres sculptures qu'il décrit, se trouvait sur la façade un grand bas-relief : « à la partie supérieure est le *mih* qui semble présider à un acte du culte du feu, accompli par un personnage, dans lequel j'ai cru reconnaitre le roi. Ce personnage est debout, monté sur trois degrés. Il tient un arc de la main gauche et il étend la droite, en signe de serment ou d'adoration, vers un autel sur lequel est représentée la flamme sacrée. Cette scène semble avoir pour motif la consécration de la foi au culte du feu par le souverain dont la dépouille mortelle a été déposée dans ce caveau. » Pendant que M. Flandin examinait ces sculptures, deux voyageurs entrèrent dans l'hypogée : c'étaient deux petits vieillards à l'œil vif et noir, à la barbe blanche. « Ils échangèrent entre eux quelques mots dans une langue que je n'avais pas encore entendue dans ces contrées ; puis ils m'adressèrent la parole en persan. Aux questions que je leur fis, ils répondirent qu'ils étaient des marchands de Jezd, où ils se rendaient après avoir accompli un long voyage : ils ajoutèrent que, comme presque tous les habitants de Jezd, ils étaient de religion guèbre ; qu'ignicoles, comme Djemchid, le grand roi qui avait élevé les palais de Persépolis, ils n'avaient pas voulu passer auprès de ces ruines sans venir y faire une pieuse visite. — A peine avaient-ils achevé, qu'ils se mirent à ramasser du menu bois et des herbes sèches, en formèrent une espèce de petit bûcher sur l'escarpement du rocher où nous nous trouvions, et l'allumèrent en murmurant des prières dans la même langue que je leur avais entendu parler à leur arrivée : ce devait être du zend, la langue de *Zoroastre* et du Zendavesta, celle dont les caractères étaient gravés sur les murs de Persépolis.

« Pendant que ces deux Guèbres priaient devant leur feu, je relevais les yeux sur le bas-relief supérieur de la façade du caveau funéraire devant lequel nous étions ; la scène qu'il représentait était exactement semblable ; ce culte avait donc encore, après plus de deux mille ans, des adeptes dont la foi s'était conservée malgré les persécutions des sectateurs de Mahomet et d'Ali. Longtemps après le départ des deux Guèbres, le petit bûcher fumait encore, et sa fumée légère montait en colonne bleuâtre vers le ciel. Je me sentis sous l'influence d'une impression religieuse, en me retrouvant seul en face de ces cendres invoquées qui avaient reçu l'hommage des deux vieillards prosternés devant elles ; la fumée du sacrifice s'élevait lentement au-dessus des rochers sauvages qui dominaient la plaine silencieuse, couverte de ruines au milieu desquelles étaient encore les débris des antiques autels du feu. »

CHAPITRE XIV

PHÉNICIENS. — TYR ET SIDON. — COLONIES PHÉNICIENNES. —
CARTHAGE.

SOMMAIRE

§ I. Phéniciens. — Coup d'œil sur la Phénicie. Sa situation géographique très-favorable au commerce maritime. — Les forêts du Liban lui fournissaient d'excellents bois de construction. —Villes principales : *Tyr, Sidon, Tripoli, Biblos, Béryte*, etc.

§ II. Tyr et Sidon. — *Sidon*, la plus ancienne ville de Phénicie, fonda *Tyr* dont la puissance ne tarda pas à dépasser la sienne. *Tripoli*, ainsi nommée parce que *trois villes* avaient participé à sa fondation.

La *guerre des Tyriens avec Nabuchodonosor II* força les Tyriens à abandonner l'ancienne Tyr bâtie sur le continent et à construire la *Nouvelle Tyr dans une île*, 572. — Celle-ci devint au moins aussi florissante que la première. C'est là que se trouvait le temple de la divinité nationale des Phéniciens, du dieu Melcarth.

Tyr avait deux ports, l'un au N., l'autre au S.

Principaux rois de Tyr. — La ruine de Sidon fait de Tyr la capitale de la Phénicie. — *Abibal*, le plus ancien roi de Tyr. Son cachet est au musée de Florence. — *Hiram*, 1040, son fils, fut l'allié de David et de Salomon. On voit, par la conduite de Salomon dans sa vieillesse, combien était grande l'influence qu'exerçaient sur les Israélites les mœurs et les croyances des Phéniciens. Cette influence se manifeste plus encore dans l'histoire du royaume d'Israël. — La tyrannie de Pygmalion provoque la fuite de mécontents qui *vont fonder ou agrandir Carthage*, 888. — *Ithobal* : la *Nouvelle Tyr*, 572. — Les Tyriens sont tributaires des Assyriens, puis des Perses, mais refusent de se soumettre à Alexandre le Grand qui prend et *détruit la Nouvelle Tyr*, 332.

§ III. Colonies phéniciennes, — sur les côtes de l'Espagne; sur la côte N. de l'Afrique; — au N.-O. de la Sicile; —dans le golfe Persique. Grandes entreprises maritimes des Phéniciens.

Commerce et industrie des Phéniciens. — Ils achetaient l'encens, les épices, les esclaves, les chevaux, etc., etc., et fournissaient en échange les étoffes de pourpre, les verroteries, etc., qu'ils fabriquaient. — Richesses qu'ils tirent de ce rôle d'intermédiaires commerciaux entre les nations.

Religion. — Matérialisme profond, superstitions licencieuses et cruelles, sacrifices humains. Moloch, Baal, Dagon, Astarté, etc.

Gouvernement. — Confédération phénicienne ayant à sa tête Tyr : cette ville fut généralement gouvernée par des rois.

§ IV. Carthage, — fondée par les Phéniciens dans le xiiie siècle avant notre ère, agrandie par Didon, vers 888. — Citadelle, *Byrsa*. Domination exercée sur l'Afrique ; prépondérance ou protection sur les villes et les États voisins.

Développement de la puissance de Carthage et de ses relations commerciales. — Carthage, maîtresse des Baléares, de la Sardaigne, et semble avoir partagé avec Tyr le commerce et la domination maritime de l'ancien monde : à Tyr, l'Orient ; à Carthage, l'Occident.

§ I. **Phéniciens**. — La Phénicie proprement dite était au temps même de sa splendeur et de sa puissance, un des plus petits pays du monde ancien. Elle comprenait la partie de la côte de Syrie qui s'étend depuis Tyr jusqu'à Aradus : cette bande de terrain n'a guère que cinquante lieues de longueur du S. au N. et tout au plus huit à dix de large. La côte, semée de baies et de ports, est hérissée de hautes montagnes dont quelques-unes s'avancent en promontoires dans la mer ; leurs cimes couvertes de forêts offraient aux Phéniciens les bois les plus précieux pour la construction des vaisseaux et des habitations. La chaîne principale des montagnes est le *Liban*, dont une ramification l'*anti-Liban* descend du N. au S. parallèlement au Liban, et à l'O. de la Syrie. La mer qui venait se briser avec impétuosité contre ces rivages escarpés avait probablement détaché plusieurs caps de la terre ferme ; ceux-ci formèrent de petites îles qui ne tardèrent pas à se couvrir de nombreuses colonies et de cités florissantes. *Aradus* (Ruad), la dernière ville au N. de la Phénicie, était bâtie sur une de ces îles et avait donné le nom d'*ant*-Aradus (*vis-à-vis* Aradus) à une autre ville qu'on voyait en face d'elle sur le continent. A huit lieues de là, vers le S., on apercevait *Tripoli* qui subsiste encore de nos jours.

Huit lieues plus loin, on découvrait *Biblos* et le temple d'Apollon, et au S. de ce dernier *Béryte* (aujourd'hui Beïrout). Venaient ensuite, à la même distance et à six lieues de celle-ci, sur la limite méridionale du pays et au milieu d'une île, la reine de toutes les cités phéniciennes et leur métropole, la Nouvelle-*Tyr*. Dans le voisinage de ces villes considérables, s'en trouvaient d'autres également célèbres par leur industrie, leurs fabriques et leurs manufactures : telles que *Sarephta*, *Botrys*, *Orthosia*. Toutes réunies ne formaient pour ainsi dire, qu'une seule puissance assise à la fois sur les îles et le littoral qui, avec les flottes réunies dans ses ports, devait présenter un aspect singulièrement pittoresque et donner aux étrangers la plus haute idée des richesses, de la puissance et de l'esprit entreprenant des Phéniciens [1].

§ II. **Tyr et Sidon**. — *Sidon florissante dès une antiquité reculée fonde Tyr*. — Ces villes qui existèrent simultanément dans la période la plus florissante de la Phénicie, ne s'élevèrent qu'à la longue et successivement. Colonies l'une de l'autre, elles furent fondées comme toutes celles qui appartiennent à l'antiquité ou dans des vues commerciales, ou par des citoyens émigrés à la suite de dissensions. La plus ancienne de toutes, appelée par Moïse la « fille aînée de Chanaan », fut *Sidon*, avec laquelle commença à s'étendre le commerce et la navigation des Phéniciens. Sidon à son tour fonda *Tyr* : bientôt la fille grandit au point de surpasser sa mère patrie. Au temps de la plus grande puissance de la Phénicie, Sidon n'eut que le second rang, mais cette riche cité défia, pour ainsi dire, à la faveur de son excellent port, toutes les causes possibles de décadence, tant que dura le commerce maritime des Phéniciens. *Tripoli* fut une colonie commune aux trois cités de Tyr, de Sidon et d'Aradus, d'où lui vient le nom qu'elle porte.

Guerre avec Nabuchodonosor. Les Tyriens bâtissent dans une île la Nouvelle-Tyr, 572. — La tradition attribue la fondation de Tyr à un Égyptien de Thèbes, Agénor, qui, étant

---

1. Heeren, *De la politique et du commerce des peuples de l'antiquité*, t. 2.

devenu roi de Sidon, aurait jeté les fondements d'une cité nouvelle. Celle-ci ne tarda pas à devenir considérable, mais sa prospérité fut arrêtée par la guerre que lui fit le conquérant chaldéen Nabuchodonosor II. Il la tint bloquée pendant 13 ans. Pendant le siége, une grande partie des habitants se réfugia dans une île voisine où ils avaient déjà des comptoirs; là, ils élevèrent une nouvelle Tyr, qui, favorisée par sa position, eut bientôt égalé l'ancienne en importance. Dans son enceinte se trouvait le temple de la divinité principale des Tyriens, du dieu tutélaire de la ville, comme l'indique le nom de *Melcarth* (roi de la ville), que les Grecs ont traduit par celui d'Hercule tyrien : Melcarth diffère essentiellement de leur Hercule, quoiqu'on ait souvent confondu les mythes de ces deux divinités. Le culte de ce dieu fut porté dans toutes les contrées où les Tyriens établirent des colonies, et lors même que celles-ci se furent rendues indépendantes, elles conservèrent toujours la coutume d'envoyer des députations solennelles au Melcarth phénicien, pour honorer en lui la divinité nationale. La ville de Tyr, entourée de hautes murailles, avait deux ports, l'un au nord vers Sidon, l'autre au sud vers l'Égypte; on fermait celui-ci avec de grandes chaînes. — Avant de faire connaître les colonies fondées par les Phéniciens et d'exposer leurs principales institutions, nous allons raconter brièvement l'histoire politique de la Phénicie.

Principaux rois phéniciens. — Tyr était devenue la capitale de la Phénicie après que les habitants de Sidon eurent trouvé un refuge dans son sein pour échapper au joug d'un roi d'Ascalon, qui s'était emparé de leur ville. Sa population, accrue par cet événement, en fit la ville prépondérante de la Phénicie, sur laquelle ses rois dominèrent désormais. Le plus ancien de ces rois, contemporain de Saül, est *Abibal* dont le nom, écrit en caractères phéniciens, a été lu [1] récemment sur une pierre gravée du musée de Florence. — *Hiram,* 1040,

---

1. Par M. le duc de Luynes (*Numismatique des satrapies*, p. 70). Nul doute que cette pierre ne soit le sceau du roi de Tyr, père d'Hiram : Abibal est représenté debout, en costume égyptien.

fut l'allié de David et de Salomon. Il aida le père à former une flotte sur la mer Rouge, et fournit au fils les ouvriers et les matériaux nécessaires à la construction du temple du vrai Dieu. L'influence que les Phéniciens exerçaient sur la Palestine est attestée par celle de leurs croyances et de leurs mœurs, qui furent trop souvent adoptées par les Israélites. Nous avons parlé de l'affligeant spectacle que présenta la vieillesse de Salomon. Plus tard, nous voyons Jézabel, la fille d'*Ithobal I*er, cinquième successeur d'Hiram, apporter dans le royaume d'Israël le culte des divinités phéniciennes, 926. — La tyrannie de *Pygmalion* força Didon, sa sœur, à s'expatrier ; celle-ci conduisit en Afrique une colonie qui fonda ou agrandit Carthage (vers 888). — *Ithobal* fut le dernier roi de l'ancienne Tyr. C'est sous son règne que les Tyriens, pour échapper à la domination des Assyriens et à la vengeance de Nabuchodonosor II, se retirèrent dans l'île où s'éleva la nouvelle Tyr, 572. — Dans la suite, les Tyriens se reconnurent tributaires des rois d'Assyrie. Ils eurent la même situation dans l'empire Perse, jouissant d'ailleurs d'une indépendance à peu près entière, et prêtant, parfois à de dures conditions, le concours de leurs flottes au grand roi lorsqu'il lui était nécessaire. Ils refusèrent de se soumettre à Alexandre le Grand, qui, pour s'emparer de l'île, entreprit de joindre la ville à la terre ferme, au moyen d'une chaussée. L'ancienne ville lui fournit les matériaux de cet immense travail dont les vestiges sont encore visibles, 332. Tyr fut détruite par le conquérant macédonien et ne se releva jamais.

§ III. **Colonies phéniciennes.** — *Commerce et industrie des Phéniciens.* — De bonne heure, les Phéniciens se rendirent maîtres des îles de l'archipel. Les pays où s'établirent leurs principales colonies furent : le Midi de l'Espagne; il y fondèrent Gadès, Carteja, Tartessus ; la côte du nord de l'Afrique, à l'ouest de la petite Syrte : Utique, Carthage, Adrumète ; le nordouest de la Sicile : Panorme, Lilybée. Selon toute apparence, ils eurent également des établissements vers l'orient dans le golfe Persique, dans les îles de Tylos et d'Aradus (les îles Baharein). Ils allaient chercher en Espagne le produit de riches mines d'argent; sur les côtes de l'Océanie et jusqu'en Bretagne, l'étain et l'ambre jaune. Leur navigation s'étendait au sud, jusqu'à l'île de Ceylan. Hardis et entreprenants, ils exécutèrent les plus grands voyages maritimes tentés avant ceux de Vasco de Gama et de Christophe Colomb (tour de l'Afrique, sous Néchao, etc.). Le commerce par terre, fait en grande partie par les caravanes, n'avait pas moins d'importance. Ils retiraient de l'Arabie les encens, des Indes les épices, l'ivoire, les perles précieuses, et ils étaient en relations avec Babylone par Palmyre, avec l'Arménie et les pays limitrophes par la Perse; ils y achetaient des chevaux, des esclaves, du cuivre. Leur industrie leur fournissait des objets d'échange recherchés par tous les peuples; c'était entre autres leur verroterie, car ils avaient inventé le verre dont la fabrication resta longtemps un secret qu'eux seuls possédaient. La pourpre de Tyr était célèbre. Ils tiraient la magnifique couleur avec laquelle ils teignaient les étoffes, de petits coquillages de mer, le *murex* ou le *purpura*, dont on faisait la pêche sur les côtes de Phénicie, d'Afrique, etc. — La situation de la Phénicie, l'activité, l'industrie, le génie maritime et commercial de ses habitants, en firent de bonne heure les facteurs des nations de l'ancien monde.

Religion des Phéniciens. — Mais les richesses que ce rôle d'intermédiaire commercial entre les peuples accumula dans la Phénicie y développèrent de bonne heure un matérialisme profond. Nous en avons la preuve dans cette religion pleine de superstitions grossières, licencieuses et cruelles que les Phéniciens portèrent, avec leurs arts et leurs connaissances, dans les contrées voisines. Outre *Melcarth*, l'Hercule tyrien des Grecs, ils adoraient le dieu du Soleil, *Baal*, auquel ils offraient des victimes humaines; *Moloch*, *Astarté* ou *Mylitta*, *Dagon*, divinité qui a la plus grande analogie avec Oannès [1], etc. – En Crète, le Minotaure; à Cypre, le culte de Vénus

---

1. On voit au musée du Louvre plusieurs représentations peintes de Dagon, divinité maritime à figure humaine, et dont le corps se termine par une queue de poisson.

Uranie; à Rhodes, celui du Soleil; celui des Cabires à Lemnos, à Samothrace, sont des importations phéniciennes.

Gouvernement. — La Phénicie ne formait pas un empire compacte; mais il existait entre les villes qui occupaient son territoire des liens étroits. Cette espèce de confédération était placée sous la prépondérance de Tyr, qui laissa chaque État libre de se donner un gouvernement particulier. Elle seule eut des rois; elle les remplaça, après la chute de l'ancienne ville, par des magistrats nommés *suffètes*, puis elle retourna à la monarchie.

§ IV. **Carthage**. — Carthage, fondée par les Phéniciens dans le xiiie siècle avant notre ère, ne devint une ville importante que lorsque Didon, sœur de Pygmalion, roi de Tyr, fut venue s'y établir avec un certain nombre de Phéniciens mécontents. Une citadelle qu'on appela *Byrsa* (en hébreu, forteresse) fut construite, et de nouveaux quartiers agrandirent la ville que son heureuse position destinait à la plus brillante fortune commerciale. Cependant, ce n'est que quatre siècles après sa fondation que nous voyons Carthage maîtresse d'une grande étendue de territoire en Afrique et de possessions maritimes importantes. La domination carthaginoise s'établit peu à peu sur l'Afrique, au moyen de l'asservissement des indigènes et de l'établissement de colonies sur leur sol. Les citoyens carthaginois se mêlèrent insensiblement aux *Lybi-Phœnices*, naturels du pays, les accoutumèrent à la vie sédentaire et à la culture du sol. Les habitants de ce territoire, qui s'étendait jusqu'au lac Tritonis, reconnaissaient tous l'autorité de Carthage. Cette république avait d'autres relations avec les anciennes colonies phéniciennes établies le long de la côte, principalement avec Utique. Elle semblait n'exercer qu'une prépondérance sur les villes sujettes, bien qu'au fond cette suprématie ou cette protection dégénérât souvent en tyrannie oppressive. Elle vivait en bonne intelligence avec les villes grecques de la Cyrénaïque, qui lui avaient cédé le territoire compris entre les Syrtes. C'était là qu'habitaient les *Lotophages* et les *Nasamoses*, peuples qui continuèrent à mener la vie nomade, mais dont l'alliance ou la soumission avait une grande importance pour les Carthaginois, en raison de leur commerce avec l'intérieur de l'Afrique.

Développement de la puissance de Carthage et de ses relations commerciales. — On voit se développer rapidement le système de colonies et de conquêtes des Carthaginois. Ils cherchent à se rendre maîtres de toutes les îles de la partie occidentale de la Méditerranée, car ils semblent avoir tacitement partagé avec les Tyriens le commerce et la domination maritime du monde ancien ; ils laissent à Tyr l'orient et prennent l'occident. La Sardaigne, les Baléares, la Corse tombent en leur pouvoir. Malée, qui exerça le premier les fonctions de *suffète*, s'empara d'une partie de la Sicile. Ils établirent des colonies sur les côtes de l'Espagne et d'Afrique, s'attachant, suivant l'exemple de Tyr, à les maintenir toujours dans l'étroite dépendance de la métropole. C'est principalement à la famille de *Magon* qu'appartient la gloire d'avoir étendu, par de grandes conquêtes, la domination de la république dans la Sicile, la Sardaigne et l'Afrique, à l'époque où Cyrus, Cambyse et Darius fondaient la monarchie des Perses avec laquelle Carthage commença dès lors à entrer en relations, 550 à 480 av. J.-C. C'est dans cette période qu'on place l'établissement des colonies au delà des colonnes d'Hercule ; sur la côte d'Afrique, par Hannon, sur celle d'Espagne par Himilcon, sans doute l'un et l'autre petits-fils de Magon.

Le gouvernement de Carthage était exercé, dans une habile mesure, par le peuple, par l'aristocratie et par les deux *suffètes*, magistrats suprêmes dont le pouvoir n'a pas eu une durée invariable. Quand nous serons arrivés au moment où éclatera la lutte de Rome et de Carthage, nous exposerons avec plus de détails la constitution de cette dernière république que la destruction de Tyr avait rendue la première grande puissance commerciale du monde.

LECTURES A FAIRE.

OUVRAGES PRINCIPAUX. — SOURCES. — Bien que les Phéniciens paraissent avoir été fort désireux, d'après le témoignage des auteurs anciens, de conserver les monuments de leur histoire, et que les prêtres eussent été chargés, à cet effet, de consigner dans les registres publics les événements qui intéressaient la nation, il ne nous reste qu'un fragment des écrits d'un de leurs principaux historiens : *Sanchoniaton*. Ce n'est que depuis quelques années qu'on a trouvé des monuments phéniciens et qu'on a commencé à déchiffrer l'écriture phénicienne. — Les documents et les monuments persiques ou carthaginois sont plus rares encore. Des travaux récents ont fait découvrir l'alphabet carthaginois et lire des inscriptions en cette langue. Celles-ci ne se rencontrent que sur les monnaies.

OUVRAGES SECONDAIRES. — Il faut donc recourir aux ouvrages secondaires, et notamment à ceux, relatifs à l'histoire ancienne, que nous avons mentionnés. — Nous recommanderons surtout le *Manuel d'histoire ancienne*, d'Heeren, 1836; et le grand ouvrage du même auteur *Sur la politique et le commerce des peuples de l'antiquité*, 1830.

NOTES SUR LES SEPT MERVEILLES DU MONDE.
CE QU'ELLES SONT DEVENUES

Les anciens ne s'accordaient pas sur les sept merveilles du monde. Si l'on comptait celles qu'énumèrent les auteurs, on en trouverait douze ou quinze. Cependant on donne plus généralement cette qualification aux suivantes : les jardins de Babylone, les pyramides d'Égypte, la statue de Jupiter Olympien, le colosse de Rhodes, les murs de Babylone, le temple de Diane d'Éphèse, le tombeau de Mausole. On ajoute ordinairement à ce nombre le phare d'Alexandrie.

1º *Les jardins de Babylone*, œuvre de la reine Sémiramis, étaient placés sur des terrasses supportées par des colonnes. La prise de Babylone par Darius, fils d'Hystaspe, porta un grand coup à la prospérité de cette antique capitale de l'Assyrie. Elle ne cessa de déchoir jusqu'à l'époque où Séleucus-Nicator fortifia Séleucie, à trois cents stades de ses murs. Du temps de Strabon, (20 av. J.-C.), elle était en grande partie déserte, et sa rivale avait hérité de son importance. A l'époque de la conquête du deuxième empire perse par les Arabes, (652 ap. J.-C.), les constructions qui soutenaient les jardins attribués par les uns à Sémiramis, par les autres à Nabuchodonosor, tombaient en ruines.

2° *Les murs de Babylone.* Les mêmes causes ont fait disparaître les murs de Babylone. Ainsi que les jardins, ils avaient été construits par la reine Sémiramis. Darius, irrité de la révolte des Babyloniens et de la résistance opiniâtre qu'ils lui avaient opposée, après la réduction de leur ville, en fit abattre les murailles et les cent portes.

3° *Les Pyramides d'Égypte.* Les plus grandes, celles de Ghizet, sont encore debout. Méhémet-Ali avait eu l'intention d'employer au barrage du Nil les immenses pierres de taille dont elles sont formées ; les ingénieurs français alors à son service lui firent abandonner ce projet. Autour de ces monuments s'élèvent des pyramides plus petites, qui servaient de tombeaux comme les premières. D'autres ont été détruites par les Arabes, dont rien n'égale la rapacité, et qui fouillent les sépultures dans l'espoir d'y trouver des objets précieux. Ils se servent, depuis un temps immémorial, de momies pour faire leur feu, ressource utile dans un pays où le combustible est très-rare. Malgré cette dévastation, le nombre de momies qu'on trouve encore est incroyable, et s'explique par le respect religieux que les anciens Égyptiens avaient pour leurs morts, et par le soin avec lequel ils ensevelissaient et conservaient les corps.

4° *La statue de Jupiter Olympien.* Ce chef-d'œuvre de Phidias était placé dans le temple d'Olympie, dont un Français a découvert, il y a quelques années, les débris ensevelis sous le sol exhaussé par les alluvions annuelles de l'Alphée. L'ancien pavé en mosaïque et le marbre noir qui, selon Pausanias, servait à supporter la statue, ont été retrouvés. Quant à la statue elle-même, on ne pouvait avoir cette espérance. « En effet, comme dit M. de Pouqueville dans son *Histoire de la Grèce ancienne,* un colosse d'or, d'ivoire et de pierres précieuses, qui n'avait pas moins de quarante-cinq pieds de hauteur, ne pouvait échapper, d'une part à la cupidité, de l'autre à la proscription générale des idoles, lors de la chute du culte hellénique ; trop d'intérêts et de passions conspiraient à l'envi pour détruire le Jupiter Olympien. »

5° *Le Colosse de Rhodes.* On donnait ce nom à une statue d'Apollon en airain, haute de soixante-dix coudées (cent vingt pieds). Elle avait été élevée par le sculpteur Charès, de Lemnos, élève de Lysippe, dans le quatrième siècle avant notre ère. Le colosse fut renversé cinquante-six ans après son érection, par un tremblement de terre, en 282. On rapporte que bien des siècles après (en 656 ap. J.-C.) ses débris couvraient encore le sol, et qu'ils furent vendus par les Arabes à un juif d'Édesse, qui en chargea neuf cents chameaux.

6° *Le temple de Diane d'Éphèse.* Il avait quatre cent vingt-cinq pieds de long sur deux cent vingt de large ; sa voûte, haute de soixante pieds, était supportée par cent vingt-sept colonnes d'ordre ionique. Il fut brûlé par Érostrate le jour même, dit-on, où naquit Alexandre le Grand (356 ans avant notre ère). Érostrate espérait, par cet acte insensé, rendre son nom immortel : il est triste d'ajouter qu'il y réussit, et que ce fou n'a pas d'autre titre à la célébrité.

7º *Le tombeau de Mausole.* Le tombeau élevé par la piété d'Artémise à la mémoire de Mausole, roi de Carie, son époux (en 355 av. J.-C.), avait été construit par les plus grands architectes de l'antiquité. Les façades étaient dues à Timothée, à Scopas, à Bruxis et à Léocharès. L'édifice était surmonté d'une magnifique pyramide sur laquelle Pythis avait placé un char attelé de quatre chevaux. Ce monument fut converti en forteresse par les chevaliers de Saint-Jean, lorsqu'ils s'établirent à Rhodes. Ils donnèrent à cette forteresse, qui subsiste encore, et qui renferme des sculptures très-précieuses, le nom de Castel San-Piétro; et en espagnol San-Pedro, dont les Turcs ont fait par corruption Bedro, puis Boudroum. (Pouqueville, *la Grèce ancienne.*)

Quant au *phare d'Alexandrie,* construit par l'architecte Sostrate le Cnidien, sur l'ordre de Ptolémée-Soter (IVe siècle av. J.-C.), il était formé de plusieurs étages voûtés, au-dessus desquels s'élevait une lanterne où l'on allumait des feux pour guider les navigateurs dans le voisinage du port d'Alexandrie. Il fut probablement détruit en partie à l'époque où Amrou s'empara de la ville, après un siége de quatorze mois, et lorsqu'il ordonna d'abattre toutes les fortifications (641 après J.-C.). Il entrait dans les vues du conquérant de donner à une ville nouvelle toute l'importance dont avait joui l'ancienne capitale de l'É-gypte, et il ne négligea rien pour ruiner Alexandrie. Cependant, au douzième siècle de notre ère, il restait encore cent cinquante coudées des constructions du phare. Il n'en subsiste aujourd'hui aucun vestige.

Du 33e siècle au 20e siècle avant J.-C.	**ÉGYE** (3200-5 *Ménès*, 1er roi **Sésostris** l'anc conquêtes. Vers 2200. In Pasteurs. Établissement lites dans la Gessen. Expulsion des Vers 1645, Exp Israélites.
Du 20e siècle au 16e siècle.	
Du 16e siècle au 11e	Règne de **Rams** (Sésostris II). quêtes. — Di l'Égypte en 3
11e	
avant	526-525. *Psamm*
J.-C.	522. Cambyse écl Le faux *Sm* 522-504. Règne d 517. Révolte et r 510. Expédition e 508. Conquête d'r 504. Soulèvement

TABLEAU SYNCHRONIQUE DE L'HISTOIRE ANCIENNE.

HISTOIRE DE L'ORIENT.

1963-3308. De la Création au Déluge.

Sem, Chum, Japhet. (Dispersion des hommes).

	ÉGYPTE. (3200-525.)	ISRAÉLITES. (2296-587.)	ASSYRIE.	BABYLONIE.
			Bélus à Ninive.	*Nemrod* à Babylone.
Du 33e siècle an 20e siècle avant J.-C.	*Ménès,* 1er roi. **Sésostris** l'ancien. — Ses conquêtes. Vers 2200. Invasion des Pasteurs.	Vocation d'*Abraham.*	Vers 2200, Invasion des Pasteurs.	
Du 20e siècle au 16e siècle.	Établissement des Israélites dans la terre de Gessen. Expulsion des Pasteurs. Vers 1645, Expulsion des Israélites.	Joseph en Égypte. La Pâque. — *Loi de Moïse.* **République fédérative.** (1605-1080.) 1605. *Josué* succède à Moïse. — Conquête de la Palestine. (Infidélités. — Nombreuses servitudes.)	**1er EMPIRE D'ASSYRIE.** *Ninus,* roi de Ninive, prend Babylone. **Sémiramis.** Ses conquêtes. — *Ninias* lui succède.	
Du 16e siècle au 11e	Règne de **Ramsès** le Gr. (Sésostris II). Ses conquêtes. — Division de l'Égypte en 36 nomes.	1562-1112. Délivrance par *Othoniel, Aod, Débora, Gédéon, Jephté, Samson.* Leur judicature. — Judicature du grand-prêtre *Héli.* 1092. *Samuel,* dernier juge.	Affaiblissement de cet empire	
11e siècle.	Alliance du Pharaon avec Salomon.	**Monarchie.** 1080. *Saül,* 1er roi, sacré par Samuel. 1040. **David.** Ses conquêtes. 1031. Prise de Sion, capitale du royaume. — Conquêtes jusqu'à l'Euphrate. 1001. **Salomon.** Étendue de ses États. — Dédicace du temple de Jérusalem. 962. Mort de Salomon. — *Schisme des dix tribus.*	sous les	
10e siècle.	958. *Sésac* s'empare de Jérusalem et la pille.	**Roy. de Juda.** (962-587.) — **Roy. d'Israël.** (962-718.) 962. *Roboam,* fils de Salomon. — *Jéroboam* élu par les dix tribus. 904. *Josaphat,* célèbre par sa piété. — 907. *Achab* épouse Jézabel, fille du roi de Tyr. 880. *Joram* épouse Athalie, qui fait massacrer la famille royale. — 877. *Jéhu* met à mort Jézabel.	successeurs de Ninias.	

759. *Sardanapale* est attaqué par Bélésis, Arbacès et les satrapes; Ninive est prise. — Démembrement de l'empire. — Trois grands États.

	ÉGYPTE.	Roy. de Juda / Roy. d'Israël.	ASSYRIE.	BABYLONIE.	MÉDIE.
8e siècle.	720. Le *Pharaon éthiopien* est défait avec Osée par Salmanazar. 713. Règne de *Séthos,* prêtre de Vulcain. — Il repousse Sennachérib.	740. *Achaz* vaincu par Taglath. 735. *Phocée* tributaire de Taglath. 726. *Osée,* malgré ses alliés, est vaincu par Salmanazar. 710. *Ézéchias,* pieux roi, repousse Sennachérib. 712-707. *Sennachérib* échoue contre Ézéchias et Séthos.	752-724. *Taglath Phalazar.* Il prend Damas. 724-712. *Salmanazar* détruit Samarie et met fin au roy. d'Israël.	747. *Ère de Nabonassar.*	759. *Arbacès* se rend indépendant. 749-690. *Déjocès,* 1er roi. Ses succès. — Fondation d'Ecbatane.

ASSYRIE (Ninive capitale).

	ÉGYPTE.	ISRAÉLITES.	ASSYRIE / BABYLONIE.	MÉDIE / PERSE.
7e siècle.	671. Douze chefs se partagent le pouvoir. 656. Règne de *Psamméticus,* l'un d'eux, l'allié des Grecs. 617. *Néchao.* Ses entreprises maritimes. 606. Il est défait par Nabuchodonosor.	673. *Manassès* captif à Ninive. 659. Holopherne devant Béthulie. — Judith. 612. *Josias.* Il est vaincu par Néchao. 609. *Joachas* captif en Égypte. 587. *Sédécias* tué par Nabuchodonosor.	682. *Asar Haddon* s'empare de Babylone et fait prisonnier Manassès. 667-647. *Nabuchodonosor I* défait Phraorte, roi des Mèdes. Il échoue contre le roi de Juda. — Sous *Sarac,* Nabopolassar de Babylonie et Cyaxare I s'unissent et *détruisent Ninive* (635). **EMPIRE BABYLONIEN** (635-536). (Babylone capitale). 605-562. **Nabuchodonosor II** défait le roi d'Égypte, — prend Tyr (572), — s'empare de Jérusalem et met fin au royaume de Juda. — Commencement de la captivité de Babylone, qui dure 70 ans. (606-536).	690-655. *Phraorte* soumet les Perses; mais il est vaincu et tué par Nabuchodonosor I. 655. *Cyaxare I,* son fils, le venge. — Conquête de l'Asie par les Scythes. — Cyaxare finit par les repousser. — Il prend part à la destruction de Ninive.
6e siècle.	595-570. *Ophra.* — L'Égypte est pillée par Nabuchodonosor. 570. *Amasis.* Sa sagesse. — Décadence de l'Égypte.		**EMPIRE BABYLONIEN.** 562. Mort de *Nabuchodonosor II.* 551-538. *Balthazar,* son cinquième successeur. — Daniel se fait connaître. 538. Siége de Babylone par Cyrus. 536. Édit en faveur des Juifs. — fin de la captivité de Babylone.	595-561. *Astyage.* — Obscurité de ce règne. — Jeunesse de Cyrus. 561-536. *Cyaxare II* donne le commandement de l'armée au Perse Cyrus. — Celui-ci domine désormais en Médie. **PERSE.** 561-529. **Cyrus.** 548. Il s'empare de la Lydie et de l'Asie-Mineure. 538. Cyrus se rend maître de Babylone.

EMPIRE DES PERSES.

531. **Cyrus.** — Expéditions contre les peuples du nord de la Haute-Asie.
530. Mort de Cyrus. — Étendue et division de ses États.
530-522. *Cambyse,* son fils, lui succède.
525. Il attaque Psamménit et s'empare de l'Égypte.

(ÉGYPTE : 526-525. *Psamménit.*)

EMPIRE DES PERSES.

522. Cambyse échoue dans une expédition contre les Éthyopiens. Sa mort. Le faux *Smerdis.* — Massacre des mages. (Magophonie).
522-504. Règne de *Darius I,* jusqu'à ses guerres contre les Grecs d'Europe. — 520. Division de l'empire en vingt satrapies.
517. Révolte et réduction de Babylone. — Zopyre.
510. Expédition contre les Scythes d'Europe. — Conquête d'une partie de la Thrace.
508. Conquête d'une partie de l'Inde.
504. Soulèvement des colonies grecques d'Ionie. — *Origine des guerres médiques.*

TABLE DES MATIÈRES

(Les titres des Chapitres sont ceux des questions du Programme officiel de l'enseignement de l'Histoire et de la Géographie dans les lycées, pour la classe de sixième, en date du 12 août 1857.)

PARIS. — IMPRIMERIE DE J. CLAYE, RUE SAINT-BENOIT, 7.